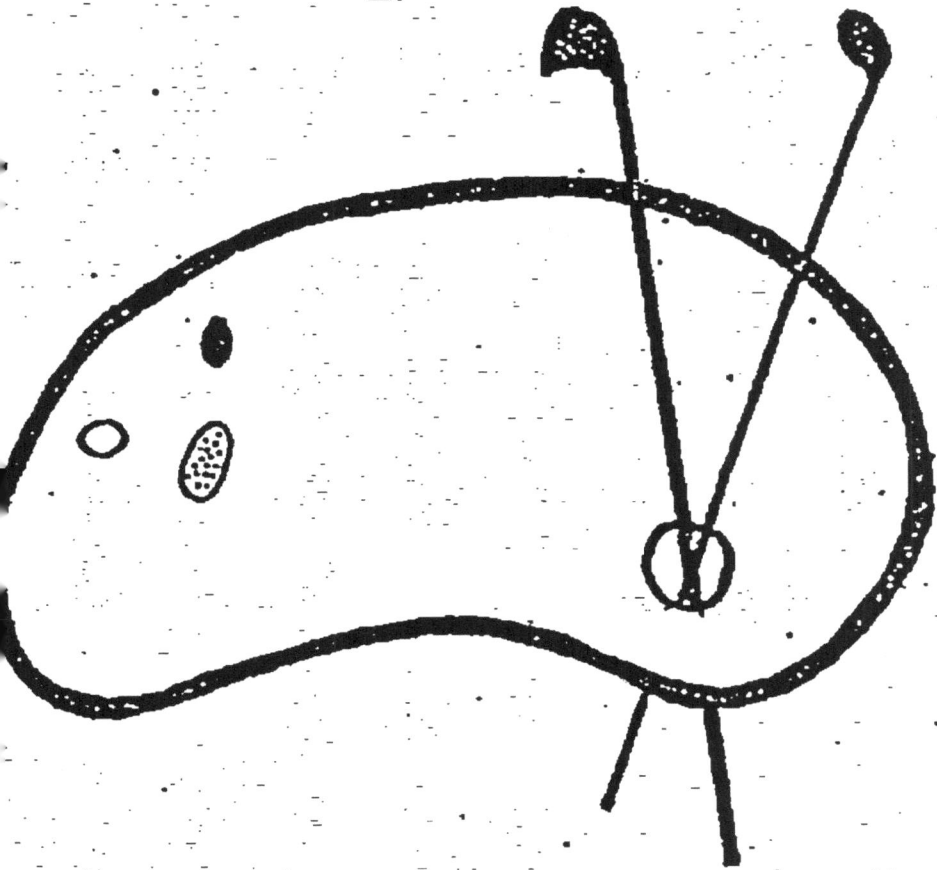

DEBUT D'UNE SERIE DE DOCUMENTS
EN COULEUR

JEAN ERIAM

RÉFLEXIONS D'UN THÉOSOPHE

Prix : **2 fr. 50**

PARIS

LEYMARIE, Éditeur

42, RUE SAINT-JACQUES, 42

1909

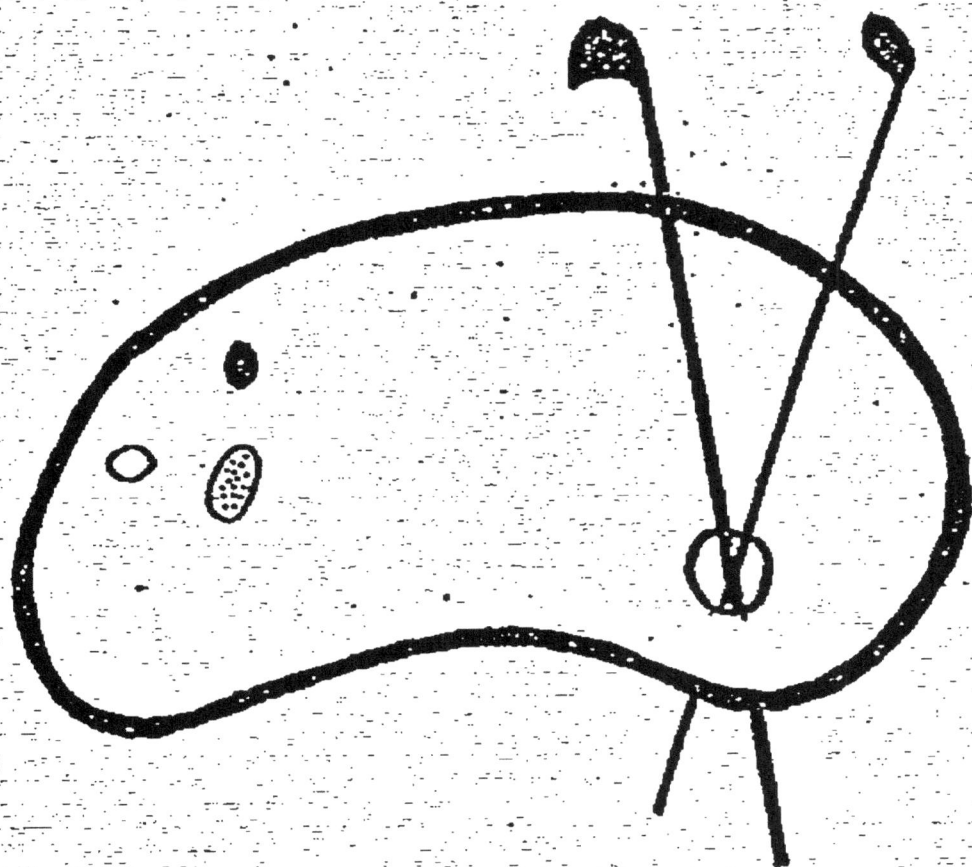

FIN D'UNE SERIE DE DOCUMENTS
EN COULEUR

RÉFLEXIONS D'UN THÉOSOPHE

JEAN ERIAM

RÉFLEXIONS D'UN THÉOSOPHE

PARIS

LEYMARIE, Éditeur

42, RUE SAINT-JACQUES, 42

1909

AVANT-PROPOS

Les réflexions présentées très succinctement ci-après n'ont pour but que d'ouvrir un horizon à ceux pour qui les questions psychiques peuvent avoir quelque attrait, et cet attrait ne peut avoir lieu que pour les penseurs soucieux de développer leur mentalité dans la recherche des causes et de leurs effets.

***

Pour qu'une lecture soit profitable, il est préférable de lire peu et de réfléchir beaucoup. C'est pour cela que les paragraphes ont été faits courts afin de fixer la pensée sur chacun d'eux; il appartiendra ensuite au lecteur d'en tirer telle conclusion que son esprit lui suggérera.

RÉFLEXIONS D'UN THÉOSOPHE

I

THÉOSOPHIE, ÉTUDE DES CAUSES, CULTES, PRIÈRES, FRATERNITÉ

La théosophie n'est ni une secte, ni une religion. C'est l'étude réfléchie et méditée des causes. Elle a pour principes l'altruisme, la satisfaction de la conscience, et la croyance en une puissance infinie, cause première de toutes les causes.

Elle résume toutes les religions en ce qu'elles ont de vraiment religieux et n'est inféodée à aucune.

* * *

Le théosophe doit tout observer et chercher à se rendre compte du pourquoi et du comment des choses. Il doit s'élever au-dessus de toutes les superstitions, se tenir à égale distance de la trop grande crédulité et de l'incrédulité systématique. Pour cela il doit rechercher par l'étude, le raisonnement, l'intuition et la conscience, la preuve de ce qui est soumis à son jugement.

**

Une des obligations essentielles du théosophe est la tolérance pour les croyances et les opinions des autres. Pour lui la liberté de chacun ne doit être limitée que par celle d'autrui, et le mot charité doit être remplacé par celui de devoir.

**

En admirant la Puissance infinie qui régit les mouvements de la vaste mécanique céleste, de même que celle qui donne la vie au plus infime microbe, le théosophe sait qu'il est à peine un atome dans l'œuvre divine, et que cependant il est quelque chose dans la nature.

Pour lui, Dieu est un mot comme Jéhovah, Parabram, Allah, etc., etc., mais, en réalité, c'est l'innommable, l'inconnaissable que l'on ne peut expliquer, car le fini ne peut ni expliquer ni comprendre l'infini. La seule définition que l'on en puisse donner, c'est que c'est l'âme de l'univers.

⁎

Or, puisqu'il n'y a qu'une cause première, qu'un Dieu, disons le mot, les prières qu'on lui adresse lui arrivent, qu'elles soient faites dans une église, une synagogue, une pagode, un temple, une mosquée ou tout autre lieu, qu'elles s'adressent au soleil, à une pierre, à un arbre, à un brin d'herbe, etc., qu'elles soient mentales, verbales, chantées, ou de tout autre manière. Il est donc incompréhensible que des cultes faits, soi-disant pour rendre hommage au Tout-Puissant, s'anathématisent sous le faux prétexte que les uns sont dans le vrai, les autres dans l'erreur.

**

Sans doute la prière est une puissance lorsqu'elle est faite avec foi, qu'elle émane de l'âme et non seulement des lèvres, et a un but désintéressé. Son pouvoir est en raison des vibrations spirituelles qu'elle met en jeu et de la puissance karmique qu'elle développe; mais il ne faut pas oublier que la meilleure prière est celle qui se traduit par des actes de philanthropie et de fraternité.

Chaque souffrance que l'on adoucit, chaque larme douloureuse que l'on sèche chez autrui produisent des effets et sont récompensées par la satisfaction que ces actes font éprouver à la conscience, c'est-à-dire au « moi » intime de celui qui, sans autre intention que l'idée du bien, vient en aide à ceux qui souffrent.

II

KARMA, JUSTICE

Chaque action est une cause et produit sa réaction, celle-ci est l'effet de la cause. C'est ce que nous appelons la justice immanente des choses et que les Orientaux nomment « Karma ».

Le Karma est la résultante des actions, paroles et pensées semées soit en bien, soit en mal. C'est une justice que rien ne peut corrompre.

***

Mais comme les actions humaines, souvent plus mauvaises que bonnes, sont multiples, elles s'enchevêtrent, s'entassent, s'accumulent, et comme la vie incarnée est éphémère, il en résulte que si le Karma n'a pu être payé pendant une existence, il est reporté aux incar-

nations suivantes selon ses charges, mais rien
ne se perd.

*_**

C'est en raison de ce principe que dans
l'existence actuelle nous récoltons ce que nous
avons semé dans les vies antérieures, de
même que maintenant nous semons ce que
nous récolterons à la prochaine ou aux pro-
chaines réincarnations.

*_**

Cette justice immanente fait connaître le
pourquoi de la chance ou des malheurs qui
poursuivent certaines personnes : elles récoltent ce qu'elles ont semé.

Au lieu de récriminer, de crier à l'injustice,
il serait plus sage à elles de se comporter
dans le présent de manière à n'avoir que de
bonnes récoltes dans l'avenir, car tout Karma
payé est éteint.

C'est, je le répète, la justice parfaite contre

laquelle rien ne prévaut et dont souvent on peut voir des exemples dans la vie présente.

⁎⁎⁎

Mais, dira-t-on, qui peut savoir la réalité, en question métaphysique, de ce que la théosophie enseigne ?

A moins de parti pris, personne ne niera les influences occultes dont on peut constater les preuves dans de nombreuses circonstances. Les uns attribuent ces influences à des génies, à des anges gardiens ou autres, à des esprits protecteurs; d'autres qui ne veulent pas voir les attribuent au hasard. Or, ceux-ci seraient bien embarrassés d'expliquer le hasard, qui, du reste n'existe pas, attendu que ce qu'ils nomment le hasard est le fait de causes non connues, parce que rien ne se produit sans cause.

III

INSTRUCTEURS, MAITRES, ANGES, LOGE BLANCHE

Donc, parmi ces génies, ou anges, ou esprits supérieurs, il y en a qui ont pour mission d'aider et de diriger l'humanité. Les Orientaux les nomment Mahatinas, c'est-à-dire grandes âmes ou Maîtres. Les Occidentaux les appellent anges, archanges, séraphins, etc.

Ce sont des Êtres supérieurs sortant de l'humanité et arrivés à la perfection. Ils restent sur le plan terrestre pour aider à l'évolution humaine.

Ils ont le pouvoir d'apparaître où ils veulent, matérialisés ou en astral, et ils peuvent même, sur leur désir, se réincarner en abandonnant momentanément leur privilège de haute évolution, pour instruire, aider et réconforter l'humanité, comme l'ont fait Christna, Bouddah, Jésus, et autres.

✱_✱✱

La grande loge blanche où ils ont leur siège, se trouve aux monts Himalaya, dans le Thibet, où nul humain autre que les hauts initiés n'a jamais pu pénétrer.

Les Anglais avec des troupes en force ayant voulu y aller, il y a quelques années, ont complètement échoué et ont été obligés de se retirer sans aucun résultat.

Cette loge unique est cependant en relations avec la grande loge blanche égyptienne, où se trouvent des maîtres moins puissants, qui, eux, ont été les vulgarisateurs dans le monde profane, du spiritisme, de l'hypnotisme et du magnétisme, afin de combattre le matérialisme menaçant.

IV

AME, RÉINCARNATION

Ce qui constitue le moi, n'est pas le corps, mais bien l'esprit qui l'anime. Or, comme cet esprit, ou âme, ou conscience, ou mental, n'importe le terme sous lequel on désignera cette chose impalpable, n'est pas matière, elle ne meurt pas, seul le corps matériel, à la mort, subit les lois de la décomposition et du transformisme, mais l'âme, notre individualité réelle, pensante, intelligente, conserve toutes ses facultés après la désincarnation, facultés même plus étendues que dans la vie physique, parce qu'elles ne sont plus obscurcies par la matière corporelle.

*_**

Non seulement le spiritisme par les com-

munications et même les matérialisations que
l'on ne peut nier sans parti pris systématique,
donne les preuves de la survie, mais encore
les expériences d'hypnotisme et de magnétisme viennent éclairer la science sur les
manifestations de l'âme indépendante du
corps.

***

Mais si cette âme, ce moi, ne meurt pas,
que devient-elle? Car il ne viendra pas à
l'idée du penseur d'admettre le blasphème
des cultes, de châtiments ou récompenses
éternels, pour quelques actions commises ou
faites dans une courte vie souvent pleine
d'ignorance. Le penseur comprend que les
mots paradis et enfer expriment des états et
non des lieux.

Le paradis est la satisfaction intime de
celui qui a fait le bien, et l'enfer est le re-
mords, les reproches de la conscience de
celui qui a fait le mal. Chacun porte donc en

lui son paradis ou son enfer; ils ne sont pas ailleurs.

*_**

Cette âme pour laquelle la mort n'est qu'un sommeil, ou plutôt un éveil, devra subir des réincarnations successives dans des conditions plus ou moins subtiles ou grossières, selon qu'elle l'aura mérité, afin d'apprendre par des expériences répétées les processus de la matière, les luttes et les souffrances qu'elle impose, pour que l'évolution humaine se produise en connaissance pratique de cause.

*_**

Puisque l'âme est notre élément réel et immortel, les connaissances qu'elle s'est acquises lui restent et elle en conserve l'intuition dans le nouveau corps où elle est réincarnée, corps qu'elle modèlera suivant les tendances, les penchants, les passions qu'elle rapportera avec elle selon les conditions karmiques qu'elle aura méritées.

On comprend que la mémoire cérébrale du nouveau corps soit muette et doive être meublée par de nouveaux efforts.

Cependant si les acquis de l'âme ont été fortement imprimés dans le mental, l'intuition conservée sera plus forte et arrivera à impressionner davantage le cerveau.

***

C'est pour cela que des individus que l'on qualifie de génies sont remarquables par les facultés qu'ils manifestent parfois dès l'enfance.

Par exemple Mozart, à l'âge de cinq ans, composait des symphonies; Pic de la Mirandole, à l'âge de dix ans, était placé au premier rang des hommes de science de son temps; Pascal, à l'âge de sept ans, faisait les calculs, et à seize ans composait un traité de géométrie; des quantités d'autres prodiges intellectuels et scientifiques se sont également manifestés dans tous les temps.

Tous ces génies ne sont pas l'objet de faveurs spéciales, car la justice est la même pour tous : ils récoltent seulement les fruits de leurs travaux dans des existences antérieures.

*_**

Il n'est pas plus difficile d'admettre la réincarnation du « soi spirituel », dont les secrets sont multiples, que la possession du deuxième corps physique dans l'incarnation actuelle. Ainsi, lorsque par les voies de la nature un germe est fécondé dans le sein d'une femme, il commence à se développer dans l'abondance des liquides nourriciers, c'est la première enfance du fœtus. Plus tard il commence à se mouvoir, à agir, c'est son adolescence fœtale. Ensuite, entouré du placenta qui pour lui est son véritable corps, il arrive à l'âge fœtal adulte sans se douter nullement de l'existence de sa mère. Bientôt arrive la vieillesse où l'existence fœtale devra disparaître ; puis viennent des coliques, un froid se fait sentir, un cri se fait entendre, le fœtus est mort, l'enfant est né et le placenta, que jusqu'alors il pouvait considérer comme son vrai corps, est jeté aux immondices.

***

La vie fœtale peut donc être comparée à la vie physique : enfance jusqu'à trois mois; de trois à six mois, âge adulte; de six à neuf mois, vieillesse et mort, c'est-à-dire transformation en une vie plus longue, plus agissante et plus évoluée.

***

Il me semble, d'après ce qui vient d'être très sommairement dit, que la réincarnation ne devrait plus susciter d'objections; en tout cas, que quelques-uns doutent ou non, elle constitue la croyance et la consolation d'un grand nombre pour lesquels l'épouvantail de la mort a disparu.

Disons à ce sujet que le nombre des réincarnations n'est pas plus limité que le temps, parce qu'elles constituent le progrès et que celui-ci est illimité.

Cependant lorsque l'être est assez évolué et que le débat de son Karma est éteint, l'homme peut être dispensé de se réincarner en devenant un maître spirituel directeur ou en se dévouant aux progrès de l'humanité à l'état d'esprit dirigeant.

V

PHÉNOMÈNES DE LA MORT

La peur de la mort est la préoccupation et le tourment du plus grand nombre, car bien que ce soit un événement fatal auquel nul n'échappe, ce grand nombre n'ose pas et ne veut pas, par peur, étudier les phénomènes de la désincarnation où il puiserait cependant le calme, en se rendant compte que ses craintes sont purement imaginaires et que cette mort qu'il redoute tant est le réveil et la continuation de sa véritable vie.

**

Chacun sait que la mort est la séparation de l'âme et du corps, mais peu savent comment cette séparation s'opère.

Au moment où l'esprit se dégage du corps physique, il est accompagné du corps éthérique avec lequel il était interpénétré pendant l'incarnation. Ce corps éthérique, en forme de très léger nuage blanchâtre que les voyants aperçoivent et que parfois on peut même photographier, s'élève au-dessus du corps où il est maintenu par le lien fluidique qui l'y attache encore, mais ne tarde pas à se rompre ou plutôt à être coupé par les amis ou habitants de l'astral qui assistent le moribond, comme le font les amis incarnés qui assistent à la naissance de l'enfant; alors le corps éthérique, après être resté quelques heures et parfois même quelques jours auprès du corps physique, se dissout et disparaît dans l'ambiance.

* *

L'esprit, aussitôt le lien fluidique rompu, se dégage du corps éthérique et pénètre dans la partie la plus lourde de l'astral, que les orientaux nomment Kama Loka, c'est-à-dire lieu du désir, et que l'on pourrait plus justement appeler état du désir, où l'âme (âme ou esprit sont synonymes) restera tant qu'elle sera attachée à la terre par les désirs qui l'y attirent. Il y a des âmes qui restent sur ce plan des années et même des siècles, ne se figurant pas qu'elles sont désincarnées, se croyant dans un rêve, comme il y en a qui n'y restent que quelques heures.

* *

Pour les personnes qui ont eu une vie honnête, à l'abri des reproches de la conscience, les derniers moments sont calmes, malgré l'agonie où la souffrance n'existe plus; mais celui dont la vie a été mauvaise éprouve des affres cruellement pénibles.

Pendant ces derniers moments de la vie, les personnes qui entourent le malade doivent garder le silence et le recueillement, afin de ne pas contrarier l'effet des aides de l'astral dont les vibrations sont très subtiles et par conséquent la sensibilité très grande.

D'autre part, les pleurs violents, toujours pénibles pour qui les entend, troublent l'esprit au moment où il a besoin de toute sa lucidité pour se soustraire aux goules astrales, qui essayent de s'emparer de la vitalité du moribond en cherchant à envelopper l'esprit avec l'éther, pour conserver plus longtemps celui-ci, dont elles sont en quelque sorte des vampires, quand elles le peuvent, pour maintenir leur existence.

★ ★

Lorsqu'il s'agit d'un esprit épuré, les goules n'ont pas de pouvoir sur lui parce qu'il leur échappe par la subtilité du dégagement; du reste il est toujours accompagné et défendu par ses amis de l'au-delà, qui se font une fête de le recevoir; mais si c'est une âme méchante alourdie par le vice, elle n'est guère accompagnée que par des Esprits de sa catégorie, alors les luttes pour se défendre sont plus sérieuses et font penser à celles que l'on fait contre les mouches mauvaises pour se débarrasser de leur importunité. Du reste, les Dévas ou Esprits divins astraux viennent en aide à ceux qui en ont réellement besoin.

VI

PLANS ASTRAL, MENTAL, CIEL

Quand pour l'âme tout désir terrestre est éteint, elle passe successivement aux divers sous-plans de l'astral, s'y épurant de plus en plus, laissant dans son évolution le souvenir de ses vices et de ses vertus, souvenir qu'elle retrouvera au moment de sa réincarnation pour en payer le Karma.

De là, l'âme passe au plan mental qui est son ciel.

*
* *

Le plan mental est comme les divers plans de la nature subdivisé en sept sous-plans, dont quatre de formes humaines spiritualisées et trois supérieurs sans forme à l'état de radieuses lumières.

Ce plan, aussi appelé ciel, est l'état où

l'âme, ayant laissé tout désir, toute impureté dans ses évolutions astrales, se trouve en possession de tout le bonheur qu'elle a pu désirer pendant son incarnation et est entourée de tout ce qui peut la rendre heureuse. —

***

Le mal, quelque infime qu'il soit, n'a pas accès sur ce plan. Là l'âme reste plus ou moins longtemps selon les mérites acquis pendant son incarnation, et l'on peut dire que presque toutes y passent, car il est peu d'êtres humains, quelque criminels même qu'ils soient, qui n'aient eu au moins un bon moment, fait une bonne action. Or, la justice karmique veut que les bonnes actions soient récompensées et les mauvaises punies.

Dans ce plan le souvenir du mal est effacé, comme s'efface le souvenir de certains rêves, mais il n'est pas perdu, il est seulement laissé en chemin pour être retrouvé plus tard, comme on trouve au réveil le souvenir des actions des jours précédents.

⁎⁎⁎

Au-dessus de ce ciel ou plan mental, se trouve un autre plus élevé dont les satisfactions dépassent toute expression ; mais comme cet état ne peut être atteint que par les hauts initiés, il est inutile, dans nos conditions actuelles, de nous en préoccuper : ce plan supérieur est appelé « Nirvana ».

VII

RETOUR DE L'AME, HOMMES MÉCHANTS, PEINE DE MORT

Après le temps où elle doit rester dans le ciel mental, l'âme, comme l'étincelle plus brillante au moment de s'éteindre, commence à éprouver le désir d'une vie plus active, puis

tombe en état de somnolence. Elle redescend
dans l'astral où elle arrive avec les réminis-
cences de ses vies antérieures, et est ensuite
réincarnée dans un nouveau corps dont le
modèle est fourni aux pitris par le Karma, où
elle arrive avec ses tendances intuitives, mais
sans la mémoire cérébrale, puisque c'est un
corps nouveau. C'est pour cela que les uns
sont portés au bien, d'autres au mal, les uns
riches, d'autres pauvres, les uns chanceux,
d'autres malchanceux, les uns bien confor-
més, d'autres difformes, etc., etc., selon les ré-
miniscences karmiques des vies antérieures;
mais il n'y a pas de fatalité, chacun peut réa-
gir en raison de sa volonté et de son libre ar-
bitre.

***

Une objection se présente ici naturellement.
Pourquoi, dira-t-on, le fils d'un alcoolique re-
naîtra-t-il avec toutes les tares physiques provenant de l'héritage de ses parents. A cela on
peut répondre que si l'on admet la justice

karmique, que l'on ne peut guère nier, il est
tout naturel qu'un ivrogne avéré renaisse dans
une famille d'intempérants, car les similaires
s'attirent, et subisse les conséquences de sa
vie antérieure. Du reste on voit aussi des fils
d'ivrognes parfaitement sains; il n'y a que
ceux qui ont semé la mauvaise graine qui font
mauvaise récolte.

*
* *

D'autre part quand on voit des fils de parents intelligents et honnêtes devenir des êtres
vils et méprisables, alors que des enfants de
pauvres malheureux dépourvus de mentalité
deviennent des sujets d'élite, on peut dire avec
raison que les parents ont donné à leur enfant la vie physique, mais que sa vie intellectuelle et spirituelle n'est pas leur œuvre.

*
* *

En général et le plus souvent, les hommes
méchants, cruels et criminels, sont des âmes
jeunes dans l'humanité provenant d'animaux

de nature mauvaise. Elles n'ont pas encore acquis la mentalité suffisante pour s'assimiler les leçons de l'expérience. Plus tard, quand les âmes humaines seront plus évoluées, elles s'apercevront que le mal engendre le mal, alors après quelques vies de souffrances, elles reconnaîtront qu'il n'est qu'un moyen de se soustraire à la peine, c'est la pratique du bien. Je dis l'âme humaine, car le corps n'est absolument que le serviteur de l'âme.

**

Mais, en attendant, comme la société a le devoir de se protéger contre les méchants, elle le peut en mettant ces êtres dangereux dans l'impossibilité de nuire, comme le fait le dompteur à l'égard de ses fauves. Il ne manque pas de moyens efficaces pour obtenir ce résultat sans avoir recours à la peine de mort, qui est un crime social précédé d'un ou plusieurs crimes individuels.

Conçoit-on la haine accumulée par le condamné au moment de l'exécution ? haine qu'il rapportera dans une autre existence et fera de cet humain un être aussi cruel qu'avant, sinon plus, qui sera de nouveau un danger social.

La société n'a pas donné la vie au criminel, elle n'a pas le droit, au point de vue philosophique, de la lui retirer ; elle doit lui laisser, dans l'isolement, la faculté du repentir et de l'amendement.

⁎

Ceux qui, partisans de la peine de mort, répètent la stupide phrase d'un homme de lettres disant : « que les criminels commencent »; me paraissent être de ces gens à mentalité incomplète qui, ne voulant ou ne pouvant mieux faire, préfèrent s'en tenir à ce que l'on est convenu d'appeler la mentalité des autres.

VIII

ÉVOLUTION DES RACES

On s'occupe beaucoup de l'homme actuel, mais comme il n'est que le résultat d'une longue évolution, il est peut-être utile de dire quelques mots de ses antécédents.

Notre minuscule terre, ainsi que tous les astres, à des époques différentes et éloignées, à des temps infinis les uns des autres, sort du cosmos par rénovation, car rien n'est nouveau. Tout a toujours existé. Il y a seulement transformation constante. Telle qu'elle est aujourd'hui, la terre n'existera plus dans quelques milliards d'années. Elle aura disparu dans les cosmos pour en former de nouvelles, et ainsi de suite, et toujours.

★★★

Alors que sortant de sa nébuleuse cosmique elle commença à se condenser, la terre était un globe lumineux comme l'est maintenant notre soleil. Ses dimensions fluidiques dilatées étaient infiniment plus étendues qu'elles le sont actuellement.

Plus tard, cet astre incandescent se refroidit par radiation, et en se refroidissant se solidifia en attirant à lui les matières existantes dans son rayon d'action. A cette époque, sa lumière propre a disparu. Elle était entourée de ténèbres produites par l'accumulation de matières opaques, lesquelles, suivant les lois attractives, tombant sur le globe, se volatilisaient pour retomber de nouveau, jusqu'à ce que la chaleur amoindrie leur permettent de séjourner sur la planète.

*
* *

Après les pluies de métaux et autres matières lourdes, sont venues les pluies aqueuses, les-

quelles, avec le feu central, ont fourni l'enveloppe granitique qui entoure le globe dans
toutes ses parties.

Par sa rotation, car rien dans l'univers n'est
immobile, la couche liquide était alors répartie
partout uniformément. Mais les gaz et vapeurs du foyer central firent céder, en cherchant à s'échapper, la croûte encore mince
de l'enveloppe et formèrent des boursoufflures,
c'est-à-dire des collines qui s'élevèrent au-
dessus du niveau des eaux et refoulèrent celles-
ci dans les parties basses.

A cette époque la terre ne possédait aucun
habitant, mais les germes fluidiques de tous
n'existaient pas moins.

Plus tard, l'enveloppe terrestre ayant
acquis plus de résistance, les efforts des matières centrales en ignition devinrent plus
violents et la croûte fut soulevée davantage
en raison de la résistance.

Des montagnes furent formées par soulè-
vement, des plaines émergèrent et formèrent

les premiers continents, pendant que les eaux prenaient possession des parties basses.

***

C'est à cette période, dite de transition, qu'apparaissent, dans l'élément liquide, les premiers êtres, c'est-à-dire les monades ou molécules primitives, qui seraient à peine apercevables avec le microscope le plus grossissant. Depuis le cosmos jusqu'à cette époque de transition, on peut évaluer cette durée à plusieurs millions de siècles.

***

Aux monades primitives s'ajoutèrent d'autres monades pendant des millions d'années, à la suite desquelles vinrent les êtres gigantesques dont la science a pu découvrir quelques squelettes.

C'est alors qu'apparut la troisième race mère, les deux premières ayant été à l'état fluide et astral.

Au point de vue physique, l'homme, ainsi que tous les êtres, émane donc de la monade.

***

Chaque monade en s'ajoutant à la monade augmente sa vitalité, les monades ajoutées arrivent à former des êtres d'abord inertes et dépourvus de tout instinct. Ces êtres, avec le temps, acquièrent, provenant de l'égo universel, l'instinct des âmes groupes, c'est-à-dire que ce que l'une fait, les autres le font par imitation naturelle ; arrive ensuite l'instinct collectif où l'être commence à distinguer, à souffrir et à être soumis aux expériences de la lutte, qui aideront à son évolution pour devenir ensuite animal individualisé, puis animal mi-conscient et ensuite homme avec ses multiples évolutions pour arriver toujours plus haut, toujours plus haut.

***

Dans la troisième race humaine, à l'époque

des grands sauriens, l'homme intellectuel était
à l'état rudimentaire. Il avait une taille gigantesque s'élevant jusqu'à trois mètres et plus.
Il était cyclope et son œil unique était placé
au sommet de la tête, à l'endroit où se trouve
la glande pinéale, dont la médecine n'a pu
encore déterminer la fonction. Cette glande,
actuellement en voie d'évolution, est destinée
à former le sixième sens, sens psychique.

⁎

Avec le temps, les animaux monstrueux,
tels l'iguanodon, lézard de vingt-cinq mètres
de longueur, le mammouth, éléphant de huit
mètres de hauteur, et multitude d'autres, ont
disparu pour faire place à des similaires de
formes moins grossières, moins lourdes et
plus affinées.

La taille de l'homme s'est modifiée, amoindrie, et au lieu de ressembler à un singe gigantesque, il s'est insensiblement approprié

une partie des éléments qui le constituent
actuellement.

**

Quand une race est destinée à disparaître,
il se produit généralement un cataclysme qui
en enlève la plus grande partie afin de faci-
liter son progrès par rénovation. C'est ce qui
est arrivé à la troisième race, appelée aussi
race lémurienne, ainsi nommée parce qu'elle
habitait le vaste continent lémurien qui s'étendait de Madagascar à la presqu'île de Malacca
et à l'Australie. Ce continent a été immergé
il y a plusieurs milliers de siècles et a causé,
par le reflux des mers, un des premiers dé-
luges. Les quelques indigènes australiens
dont les rares spécimens tendent à disparaître
seraient donc des descendants des Lémuriens.
A ce déluge échappèrent en partie les maîtres
chargés de diriger l'évolution de cette race,
lesquels s'étaient réfugiés dans le Thibet.

**

A cette troisième race succéda la quatrième, race Atlantéenne, dont le continent s'étendait des côtes d'Espagne et d'Afrique en Amérique.

Cette race était beaucoup plus avancée que la précédente. Les Atlantes possédaient de grands pouvoirs psychiques et avaient déjà une civilisation avancée, dont on a retrouvé, depuis peu, des traces, par la découverte des restes d'une grande ville dans les environs de Mexico.

Les Peaux-Rouges, qui étaient les habitants de l'Amérique lors de l'arrivée de Christophe Colomb, les Berbères d'Afrique et aussi un peu les Basques, sont des descendants des Atlantes. Cette descendance expliquerait pourquoi l'ancien langage basque primitif n'a trouvé de similaire que dans le Soudan, également alors habité par les Atlantes.

*_**

A la fin de la troisième race et pendant la

quatrième, les hommes diminuent de stature et augmentent en intelligence: mais le matérialisme bestial des Atlantes ferait concevoir que le singe descendrait de l'homme plutôt que celui-ci du singe.

A son tour le continent Atlantide fut immergé il y a environ dix mille ans, et causa un deuxième déluge à la fin de la quatrième race et au commencement de la cinquième à laquelle nous appartenons. On devrait plutôt dire cinquième évolution que cinquième race, car les fluides, les instincts, les intelligences ont développé les lueurs divines chez les mêmes âmes, seulement dans des corps différents.

⁎

Nous avons été tour à tour minéral, végétal, animal avant d'être arrivés à l'humanité, et comme rien ne se perd nous conservons les traces de ces divers états.

D'autre part les embryologistes nous font connaître que du deuxième au quatrième mois de la conception, l'embryon humain passe par vingt-sept états, alors que les animaux les plus avancés après l'homme n'en ont que vingt-six, et ainsi de suite en diminuant à chaque échelon de descente dans la hiérarchie évolutive.

**

En examinant par la pensée le chemin parcouru et le temps employé depuis le germe cosmique jusqu'à notre état actuel, on se sent pris de vertige. Et cependant nous ne sommes encore qu'au sortir des limbes évolutives. Seulement maintenant, la route sera moins ardue si nous voulons nous donner la peine de l'aplanir par nos actes, car à présent nous voyons et connaissons les moyens d'éviter les cahots inhérents à toute conscience troublée.

IX

ASTRAL

Ceux qui ne peuvent pas comprendre que
la mort est la continuation de la vie, et ceux-
là sont nombreux, ne pensent ainsi que parce
qu'ils restent imbus des instructions erronées
reçues pendant leur enfance où on leur parlait de jugements de l'au-delà, etc. Ils pourraient cependant avec un peu de réflexion se
dire que leur personnalité, leur « moi », ne
consiste pas dans le corps : celui-ci n'est que
le serviteur de la pensée, de la volonté, c'est-
à-dire de l'âme.

*_**

A part les mouvements automatiques de la
digestion, de la respiration, de la circulation,
mouvements qui ne sont devenus automatiques que par l'accoutumance, comme le font

ceux qui contractent des tics dont ils ne
peuvent plus que très difficilement se corriger, à part ces mouvements d'accoutumance, dis-je, le corps ne fait pas un acte, si
petit qu'il soit, sans être commandé, dirigé
par la pensée ou la volonté, qui n'est autre que
la pensée concentrée, c'est-à-dire par l'âme
motrice des pensées.

*
* *

Or, ce « moi » qui, à la mort, s'est débar-
rassé de son serviteur parfois bien encom-
brant, reste le même, il n'a pas changé, il
n'est devenu ni néant, ni omniscient.

C'est pour cela que le ciel mental est diffé-
rent pour chacun. Il s'accommode avec les
conceptions individuelles de l'être, car nul
n'ignore que le bonheur ne consiste que dans
l'idée qu'on s'en fait.

On peut donc considérer le ciel comme un
rêve réel donnant tout ce qui nous est
agréable.

*
* *

Je dis rêve réel, car il est beaucoup moins illusoire que ce que nous constatons dans l'existence physique où l'illusion est partout.

Voyons par exemple un homme, il sera jugé différemment par ses amis, par les indifférents, par ses antipathiques ou par ses ennemis s'il en a, et cependant ce sera le même homme.

Quant à la matière, elle variera par la chaleur qui la liquéfiera ou la convertira en gaz, par l'humidité qui la dilatera ou par le froid qui la durcira, etc. Comme on le voit tout est illusion, les apparences du moment, seules, sont à peu près réelles.

***

Quand, dans les réunions spirites, les Esprits disent qu'ils ne pourront plus se manifester, c'est parce que dans leur évolution ils doivent quitter le plan astral pour aller sur un plan supérieur, où les vibrations ne sont plus en harmonie avec celles du plan terrestre.

Le plan astral est aussi appelé le règne de l'illusion, parce que les vibrations, comme nos pensées, y sont constamment changeantes.

L'astral est ainsi nommé parce qu'il est en dehors de nous dans l'espace astral. Par exemple quand nous voyons dans un mirage à l'horizon un navire, une oasis, une ville, ailleurs et parfois à des distances considérables du lieu où ils se trouvent sur le plan physique, ce sont des visions astrales absolument réelles, quoique dans notre manque d'habitude d'observer ce phénomène elles nous paraissent illusoires.

**

Tout ce qui se passe, tout ce qui existe sur la terre, aussi bien immatériel que matériel est inscrit dans l'astral; c'est par la voyance astrale que l'on explique la lecture des pensées; mais donnons un exemple moins subtil :

Supposons un homme placé et gesticulant sur un mamelon isolé : que tout autour, à des

distances plus ou moins grandes, selon la
puissance des appareils, des photographes
prennent des instantanés de cet homme, ils
le reproduiront dans tous ses mouvements.
Dans ce cas les appareils n'auront fait qu'ac-
caparer quelques-uns des rayons vibratoires
les plus apparents de l'astral. Je dis les plus
apparents, parce que les appareils actuels ne
permettent pas encore, par leurs moyens, de
saisir les plus délicats; de même que dans
l'arc-en-ciel on n'aperçoit que les couleurs les
plus visibles, alors qu'il en contient des
quantités d'autres qui ne tombent pas sous
nos sens.

* * *

Un phénomène astral se produit assez fré-
quemment dans certaines circonstances de la
vie, plus particulièrement chez des personnes
menacées d'un très grave danger. Dans l'espace d'une seconde, tous les événements et
faits, même les plus futiles de l'existence du

menacé, se représentent à sa mémoire d'une
manière absolument claire et lucide, comme
dans un cinématographe, de la durée d'un
éclair.

C'est qu'alors l'âme excitée par l'émotion
pénètre dans l'astral où elle a la vision des
inscriptions qui la concernent.

***

Ces cas accidentels, bien plus nombreux que
nous ne le pensons, sont en petit l'image de ce
qui se produit après la mort, alors que l'âme dégagée du corps a reconquis les facultés de ses
perceptions astrales, où les communications
entre désincarnés ont lieu d'une manière extrêmement rapide de pensée à pensée, comme cela
se produit d'hypnotisé à hypnotiseur, c'est-à-
dire instantanément, sans aucune parole pro-
noncée quand il s'agit de sujets exercés et
sensibles.

***

Celui qui pendant sa vie physique a commis

de mauvaises actions, a été nuisible à autrui,
a, en astral, constamment les actes de sa con-
duite présents à sa vue comme à la vue de ses
semblables.

Ce souvenir constant, cette vue permanente
du mal fait, du préjudice causé, est une souffrance pénible, elle constitue le châtiment des
méchants.

A ce châtiment s'ajoutent souvent les reproches et la vue des victimes avec parfois leurs
obsessions, leurs haines, leurs idées de ven-
geance, haines qui se prolongent quelquefois
pendant plusieurs vies consécutives et constituent les antipathies que, sans raisons appa-
rentes, on ressent parfois pour certaines personnes et même pour certains animaux ou
certaines plantes qui ont été nuisibles et dont
le souvenir reste.

***

Il n'y a pas d'autre juge que soi-même, pas
d'autre enfer que celui désigné ci-dessus, et,

comme on le voit, chacun peut l'éviter sans grands efforts.

*

,

Avec le temps, ces tableaux kaléidoscopiques s'éloignent, les souvenirs s'amoindrissent étant les uns et les autres emportés par le Karma dans le plan des causes où ils se retrouveront au retour de l'âme pour la réincarnation, d'une manière analogue à l'homme qui, à son réveil, retrouve les joies et les ennuis de la veille.

,

Ce n'est qu'arrivé à l'état humain que le souvenir est conservé par les réincarnations.

Les initiés, tout en connaissant les lois évolutives, ne conservent que très peu le souvenir de leurs existences à l'état d'animal, à l'exception parfois de leur dernière incarnation avant d'entrer dans l'humanité. Mais on sait que l'animal passant à l'état humain subit ses premières réincarnations sur des planètes plus arriérées encore que la terre.

X

LE BIEN ET LE MAL

Mais dira-t-on, où est le bien, où est le mal? Car ce qui est le bien dans un endroit est le mal dans un autre et *vice versa*.

Par exemple on élèvera des statues à un chef d'armée qui aura fait tuer le plus grand nombre d'ennemis, et on condamnera aux peines les plus graves celui qui aura ôté la vie à un ennemi personnel.

***

On peut d'abord dire que les mots « bien »

et « mal » sont relatifs à l'évolution de l'être
et au milieu social où il se trouve.

Il est à peu près certain que les fanatiques
des guerres de religion et les inquisiteurs,
dans les tortures atroces qu'ils infligeaient
aux soi-disant hérétiques croyaient, au moins
pour la plupart, faire œuvre pie dans leurs
cruautés.

Sans doute ces malheureux fanatiques ont
subi et subissent peut-être encore le pénible
Karma de leurs actes, mais au point de vue de
leur époque ils ne concevaient pas, dans leur
ignorance, toute l'horreur de leurs agis-
sements. Ce n'est que plus tard, lorsque les
réactions se sont produites, qu'ils ont pu se
rendre compte de leur erreur et du mal fait
par eux.

*
* *

En général, tout acte conforme aux lois
de la nature, donnant la satisfaction de la conscience, ayant pour effet l'altruisme, la fra-

ternité, de nature à être utile aux collectivités ou aux individualités, est le bien. — La bonté du cœur, la loyauté et la tolérance en sont les principaux leviers.

**

Tout acte contraire aux lois de la nature, fait dans un but égoïste ou de nature à motiver les reproches de la conscience, à faire souffrir sans nécessité ou à nuire, est le mal. L'intolérance, le fanatisme, la mauvaise foi et la cruauté envers les créatures sujettes à la souffrance, en sont les principales voies.

**

En s'élevant dans la pratique du bien on s'allège l'âme et l'on en ressent les bienfaits par la satisfaction de la conscience, étincelle divine que chacun porte en soi.

La pratique du mal, au contraire, alourdit l'âme, excite les reproches de la conscience et produit la souffrance en la propageant chez ceux qui sont en harmonie pour la recevoir.

XI

SPIRITISME, MÉDIUMS

Le spiritisme est l'étude et la pratique des communications des incarnés avec les désincarnés ou, selon le langage vulgaire, des vivants avec les morts,

Cette science, rénovée depuis un peu plus d'un demi-siècle seulement, quoique combattue par le clergé, les matérialistes et une partie des scientistes, compte à l'époque actuelle plus de soixante-dix millions d'adhérents répartis dans les diverses parties du monde.

Elle n'est ni une secte, ni une religion, c'est simplement une croyance basée sur des preuves et pouvant rallier les partisans de tous les cultes, de toutes les religions. Elle a pour principes la fraternité, la pratique du bien, la recherche de la vérité.

.*.*.

Les communications des incarnés avec les esprits désincarnés étaient connues et pratiquées depuis une haute antiquité, puisque Moïse, ce grand législateur juif, voyant l'abus qu'en faisait son peuple, avait défendu, il y a près de trois mille cinq cents ans, que l'on conversât avec les morts.

Depuis plusieurs siècles cette science était tombée dans l'oubli; mais les maîtres chargés de l'évolution spirituelle de l'humanité, voyant les progrès que faisait le matérialisme par la négation de la grande cause intelligente, de toute sanction du bien et du mal, résolurent de vulgariser cette science en même temps que celle de l'hypnotisme et du magnétisme, qui prouvent la survivance de l'âme et son indépendance de la matière.

***

Quiconque a assité à des séances sérieuses de spiritisme a pu, s'il est de bonne foi et non

aveuglé par le parti pris d'opposition systématique, se rendre compte par des communications certaines, sévèrement controlées et dépourvues de supercherie, de la parfaite certi-
tude que ces communications émanent réellement des esprits des morts.

* * *

D'autre part quand on voit des esprits se
matérialiser en présence de tous les assistants,
se faire reconnaître par des parents ou amis,
les toucher, les embrasser, leur parler et ensuite se fondre, se dématérialiser à leur vue
comme des nuages qui se dissolvent, il faut
vraiment être dépourvu de bon sens pour
nier ce que l'on a vu, touché, palpé, reconnu,
avec qui on a parlé et desquels esprits on a
obtenu la divulgation de secrets que l'on sa-
vait n'être connus que du défunt et de soi.
Pourtant cet aveuglement volontaire, quelque
inconcevable qu'il soit, se produit encore chez

certains sujets dont l'ambition intellectuelle est de passer pour des incrédules, croyant ainsi se donner le genre d'esprits forts.

***

La vérité oblige cependant à dire qu'il y a des séances spirites dépourvues d'intérêt où, au lieu d'esprits sérieux se manifestant, ce sont des esprits légers, hâbleurs, menteurs, comme on en voit parmi les incarnés ; ce sont des coques de l'astral, c'est-à-dire des fluides lourds laissés par les désincarnés dans leurs évolutions astrales, ou bien des élémentals, c'est-à-dire des êtres de l'astral dont il sera dit quelques mots plus loin, êtres futiles qui se manifestent, ou bien encore des élémentaires entités mauvaises qui peuvent prendre possession du corps au moment où l'esprit est en partie extériosé, et produire des obsessions pouvant conduire jusqu'à la démence.

On peut reconnaître les uns et les autres

par leurs communications généralement erronées et sans intérêt, revêtant parfois un
caractère vil. C'est pour éviter les tromperies
de ces êtres qu'il est recommandé aux assistants des réunions d'être recueillis, sérieux, et
de ne pas se laisser envahir par des pensées
oiseuses ou mauvaises.

***

Tout le monde peut faire du spiritisme plus
ou moins, mais on ne saurait trop recommander à ceux qui veulent s'y livrer, de l'é-
tudier sérieusement avant de commencer
toute expérience pratique, parce qu'alors on
se trouve en présence de forces puissantes et
d'autant plus dangereuses pour les curieux de
mauvais aloi, qu'elles sont invisibles pour
ceux dépourvus de la faculté psychique
voyante.

Il est utile aussi d'étudier préalablement
un peu l'occultisme afin d'apprendre le ma-

niement des diverses forces mises en jeu dans
le spiritisme.

**

Après ces études préalables qui, elles, sont
dépourvues de tout danger, lorsqu'on est
animé de bons sentiments et quand on se sent
gardé par un guide spirituel énergique, on
peut hardiment et sans crainte se livrer aux
études et expériences spirites sous la direction d'un ou plusieurs médiums honnêtes et
loyaux, possesseurs de pouvoirs psychiques
reconnus.

**

Chacun est plus ou moins médium, c'est-à-
dire que chaque être humain possède au moins
un pouvoir psychique, mais le plus grand
nombre de gens meurent sans avoir décou-
vert le leur, parce qu'ils n'ont pas la moindre
notion de ces pouvoirs auxquels ils ne prêtent,
dans la plupart des cas, aucune attention. En
cultivant les pouvoirs psychiques que l'on

possède, on en développe l'évolution et l'on
en peut faire éclore d'autres qui ne sont encore qu'à l'état de germes, mais il est inutile
de chercher à créer ceux dont on ne possède
aucun germe.

Ces dits pouvoirs psychiques sont aussi
nombreux que variés : tel sera médium gué-
risseur, tel autre voyant, ou audient, ou écri-
vain, ou à effets physiques, etc., etc.

**

Les médiums ou intermédiaires sont des
gens dont la constitution particulière permet
l'extériorisation de l'od ou corps éthérique, et
la prise de possession de leur corps physique
par les esprits de l'Astral. lesquels, dépourvus
de corps matériel, empruntent celui du médium momentanément libre, pour se manifester sur le plan physique.

Cette faculté médiumnique est produite par
l'échappement du double éthérique en des

points spéciaux que le vulgaire appelle points hypnotiques ou points hystériques et qu'en réalité on devrait nommer points éthériques ou odiques. Ces points sont en général plus particulièrement placés au plexus solaire dans la région du cœur ; c'est selon toute probabilité la raison pour laquelle beaucoup de médiums souffrent du cœur.

***

Lorsque l'extériorisation est produite, soit par la volonté du sujet, soit par des êtres occultes, le médium tombe en trance comme une personne ordinaire tombe en sommeil quand, par des moyens hypnotiques ou anesthésiques, on éloigne l'od du corps. Alors l'âme, qui ne tient plus au corps que par le lien fluidique, laisse agir les esprits désincarnés qui ramènent avec eux la portion d'od nécessaire à leurs manifestations.

Le plus souvent cet od est pris en partie

sur celui avoisinant le corps du médium et en partie sur celui qui rayonne autour des membres du groupe, c'est pourquoi, le plus souvent, après les séances, les assistants éprouvent une certaine lassitude produite par la perte ou plutôt par l'emploi d'une partie de leur éther vital.

⁎

A la fin de la trance, l'od ramené par le lien fluidique reprend sa place et le médium s'éveille.

Cela explique pourquoi les médiums femmes ne peuvent donner de séances à certaines époques, c'est qu'alors une partie de l'od s'échappe par d'autres voies que par le point éthérique.

En général, les médiums à grands effets sont énergiquement gardés par des guides occultes dont l'intervention se produit avec autorité, en cas de besoin, pour éviter à leur protégé des fatigues trop grandes ou des prises de possession dont celui-ci pourrait être victime.

***

Ce qui précède suffit, me paraît-il, à faire comprendre pourquoi les médiums, à cause de leurs extériorisations vitales fréquentes, sont presque toujours des névrosés ou des malades, mais disons-le, des malades bien intéressants pour le bien qu'ils peuvent faire et font souvent au détriment de leur santé.

***

L'éther ou od est le véritable agent physique vital du corps humain, dont il est le double interpénétré dans toutes ses parties.

Le corps ne souffre pas, le double éthérique seul éprouve la souffrance et la porte au cerveau, qui la détermine. Les expériences d'extériorisation de la sensibilité faite par le colonel de Rochas en donnent une preuve manifeste.

Lorsque l'od est extériorisé, on peut pincer,

piquer le corps du sujet sans qu'il éprouve de douleurs ou qu'il soit laissé de traces. Par contre, si l'on pince ou pique l'od extériorisé, à une certaine distance du corps, et que les voyants seuls aperçoivent, le sujet souffre et les blessures sont imprimées sur le corps par répercussion.

Tous les agents anesthésiques, chloroforme, chlorure d'éthyle, morphine, cocaïne, etc., etc., ne produisent leurs effets de rendre insensible à la douleur que par l'extériorisation de l'éther, extériorisation qu'ils ont la propriété de provoquer. Ce qui prouve que le corps ne souffre pas, c'est que l'on peut faire chanter une personne pendant qu'on lui coupe un membre.

Il y a aussi des extériorisations locales sur telle ou telle partie du corps, selon les matières extériorisatrices employées et les endroits où elles sont appliquées.

***

Dans l'hypnotisme un phénomène analogue se produit. Le sujet ne sent ni les piqûres, ni les blessures qu'on lui fait; mais si l'on pique ou blesse l'hypnotiseur, l'hypnotisé crie, souffre, et les traces sont reproduites sur son corps à l'endroit où le premier a été touché.

Cela se produit ainsi parce que l'hypnotiseur s'est emparé de la partie extériorisable du sujet et possède, à ce moment, la partie vitale sensible de celui-ci.

***

Il arrive aussi que des individus peuvent s'auto-extérioriser et projeter ailleurs la douleur dont ils souffrent dans certaines maladies; mais ce moyen est très dangereux par les prises de possession qu'il peut suggérer, et doit être absolument rejeté et proscrit, à moins qu'il ne s'agisse d'individus gardés d'une manière aussi énergique que spéciale, et encore dans ce cas le sujet n'est pas entièrement à l'abri du danger.

✱✱✱

Sans doute l'hypnotisme a rendu et rend des services à la métaphysique, parce qu'il prouve l'indépendance de l'âme vis-à-vis du corps, mais il faudrait qu'il ne soit pratiqué que par des gens d'une honnêteté à toute épreuve.

Mis entre les mains de certains individus à conscience élastique, il constituerait un vrai péril social, car il peut, de parfaits honnêtes gens, faire des criminels inconscients par les suggestions insurmontables qui peuvent leur être imposées.

Il sera seulement cité ci-après un exemple pris sur des milliers, de la portée de ce pouvoir magique désormais entré dans la science physique :

« Une jeune servante du département du Lot, atteinte de cécité, fut envoyée à l'Institut psychologique de Nancy pour y être soignée. Deux mois après elle sortit de cet établissement entièrement guérie et retourna chez ses patrons. Elle y était depuis trois semaines quand, subitement, un beau matin, elle se retrouva aveugle.

« Les patrons télégraphièrent immédiatement à Nancy, d'où il leur fut répondu, également par télégraphe, qu'il s'agissait d'une expérience que les médecins avaient faite pour s'assurer s'ils pourraient agir à cette distance de plus de mille kilomètres, mais que la cécité disparaîtrait en même temps qu'arriverait le télégramme, ce qui eut lieu. »

*
* *

On pourrait multiplier à l'infini les phénomènes de l'hypnotisme et des maux qu'il peut produire s'il est manié par des gens malintentionnés. C'est pourquoi il est utile de n'en pas donner plus amples explications. Disons seulement qu'une partie des soi-disant miracles en actes de sorcellerie étaient produits par l'hypnotisme au moyen duquel on peut faire apparaître des choses imaginaires avec leurs effets réels, comme par exemple le changement d'eau en vin ou liqueurs qui produisent parfaitement les effets de l'ivresse; la disparition à la vue de personnes présentes ou l'apparition de choses n'existant pas, etc·

⁎⁎

Toutes les personnes ne sont pas hypnotisables, il y en a à peine une sur dix et c'est encore trop.

Pour la première fois un sujet ne peut être, à de rares exceptions près, hypnotisé contre sa volonté; mais s'il s'est livré une ou plusieurs fois à ces expériences, il sera alors, qu'il le veuille ou non, sous la domination de son hypnotiseur, domination à laquelle il ne pourra plus se soustraire.

Il importe donc à tout être humain de ne pas se livrer à ces pratiques.

Les très légers aperçus qui précèdent ne sont donnés ici que pour mettre en garde contre les graves dangers auxquels l'hypnotisme peut donner lieu.

En matière de spiritisme il y a des gens qui voudraient qu'en quelques minutes on leur expliquât ce que l'on a mis des années à apprendre; on ne peut que leur dire : si vous voulez savoir, donnez-vous la peine d'étudier.

D'autres disent : je ne nie pas *a priori* les phénomènes spirites ou occultes, mais je voudrais voir pour croire. On ne peut mieux leur répondre que par les faits suivants produits en ma présence.

*
* *

Dans une soirée occultiste donnée à des profanes, le médium, les yeux bandés, en présence d'une nombreuse société fit, dans une terre prise au hasard et placée dans les mains d'un des plus sceptiques, en cinq minutes germer et pousser des plantes de quatre centimètres de hauteur avec des racines de cinq centimètres, dont la graine venait d'être semée en présence de tous. Il y en a qui dirent : ce sont des plantes qui avaient été préparées.

Il désintégra ensuite des cartes de visite à lui remises et les envoya aux endroits qu'on lui désignait. Les sceptiques dirent : elles ont été préalablement mises dans ces endroits par hasard.

Il fit ensuite en huit minutes, toujours les yeux bandés, un tableau représentant une marine coloriée, selon les indications difficiles choisies séance tenante par un des spectateurs. Les incrédules dirent : c'est un tableau fait de mémoire.

Il produisit en présence de l'assemblée un fantôme matérialisé que l'on put voir, toucher, et avec qui l'on put converser. Les malins, ou se croyant tels, dirent : nous avons vu, touché, c'est vrai, mais c'est une illusion.

Enfin le médium fit tomber une pluie de fleurs étrangères au pays que chacun put ra-

masser et conserver. Les négateurs dirent :
ce sont des fleurs jetées, alors qu'en pleine
lumière le médium, toujours les yeux bandés,
était cerné de près et gardé.

Tout cela prouve que les expériences les plus
concluantes sont incapables de donner la foi
à ceux qui ne veulent ni voir ni admettre les
choses qu'ils ne comprennent pas, à moins
de dire comme des ecclésiastiques présents à
cette réunion : c'est diabolique.

Et cependant en tout cela il n'y avait rien
de surnaturel, car le surnaturel n'existe pas, il
y avait seulement l'emploi de certaines appli-
cations de lois naturelles encore occultes,
c'est-à-dire non encore vulgarisées.

XII

OCCULTISME, MAGIE

Il ne peut venir à l'idée de tout être intelligent que l'homme est le summum évolutif de la nature. Il y a au-dessus de l'homme des quantités innombrables de créatures à lui supérieures et d'autres inférieures.

La plupart des créatures astrales ne sont pas apercevables à l'œil humain, très imparfait et très limité dans ses perceptions, parce qu'elles ne sont pas en harmonie avec ses vibrations. Or, quand il n'y a pas harmonie, la vue comme l'audition ne sont pas perçues.

Par exemple une personne ne verra pas tel objet à certaine distance, tandis qu'une autre le verra très bien. La raison en est qu'avec l'une il y a harmonie et avec l'autre non. Il en est de même pour les autres sens.

Autre exemple : mettez dans une chambre deux violons parfaitement accordés et faites vibrer une des cordes de l'un, la même corde de l'autre instrument reproduira la même note tandis que les autres resteront muettes. S'il n'y a pas accord parfait, c'est-à-dire harmonie, le deuxième instrument ne reproduira aucun son.

.

Il existe aussi dans l'astral une infinité d'êtres beaucoup plus nombreux et variés que sur le plan physique ; mais comme le plus grand nombre des perceptions humaines ne sont pas en harmonie avec celles de l'astral, on ne peut voir les créatures qui s'y trouvent, à moins qu'il n'y ait matérialisation ou semi-matérialisation de celles-ci, ou qu'il s'agisse de gens ayant la faculté psychique voyante, soit naturelle, soit provoquée par le magné-tisme ou l'hypnotisme, cas où l'âme, devenue indépendante du corps, se retrouve dans son

élément astral, où d'ailleurs elle va se retremper
pendant chaque sommeil, et où, n'étant plus
gênée dans ses moyens propres par le corps,
elle récupère ses vibrations harmoniques naturelles sur le plan astral.

***

En temps ordinaire, même sur le plan matériel, nous sommes entourés d'une quantité
inimaginable d'êtres que nous ne distinguons
pas, mais dont nous pouvons constater la présence constante par leurs effets si longtemps
contestés et maintenant reconnus par la
science.

Il est certain qu'il y a deux cent cinquante
ans, avant l'invention du microscope, celui
qui aurait dit en présentant une carafe d'eau
claire, que chaque goutte de cette eau ren-
fermait des milliers d'êtres vivants, actifs, se
mouvant, celui-là aurait été traité d'halluciné
ou de fou. Si aujourd'hui la chose est admise,

c'est parce qu'avec la vue qu'en donne le microscope on ne peut plus la nier.

Et pourquoi le microscope produit-il ces effets? C'est uniquement parce qu'il concentre les vibrations, les transmet ainsi concentrées à l'œil avec lequel elles sont mises en harmonie.

***

Mais le microscope, quelque grossissant qu'il soit, ne peut encore saisir les plus petits corps auxquels on a donné le nom de « microbe ».

La théorie microbienne qui, il y a seulement une trentaine d'années, était encore très combattue parce que l'on ne pouvait voir ces très petits, a cependant, avec beaucoup de difficultés, pris rang dans la science et a permis à celle-ci de faire de très grands progrès, surtout dans les opérations chirurgicales, par l'antisepsie, dont l'effet est de tuer et d'éloigner les microbes invisibles qui nous entourent et pénètrent dans nos corps pour s'y gorger de matière vitale aussitôt qu'un passage leur est ouvert.

***

Seulement ces très petits sont sur le plan physique, c'est pour cela que certains peuvent être vus avec le microscope, mais on n'a pas encore trouvé l'instrument pouvant donner les vibrations harmoniques de l'astral. Cela viendra assurément. En attendant, jusqu'alors, l'âme seule possède cette propriété, et ceux extrêmement rares que l'on nomme voyants conscients sont des gens chez lesquels l'extériorisation se produit facilement et dont l'âme, momentanément dégagée de la matière, voit en astral et communique ses perceptions au cerveau, où elles s'impriment.

On comprend que si l'on ne se rappelle pas des voyages de l'âme en astral pendant le sommeil, c'est parce que les choses se passent uniquement entre âme et astral sans in-

scription au cerveau, organe où s'enregistrent
les choses qui lui sont rapportées, mais celles-
là seulement.

L'étude et la pratique de ces diverses questions font partie de l'occultisme.

**

En matière métaphysique il y a donc :

1° Le spiritisme, donnant des preuves de
la survie et les moyens de communiquer avec
les désincarnés ;

2° L'occultisme, qui est plus particulièrement l'étude et la pratique de la magie.

3° La théosophie, qui est l'étude des causes.
— Tout théosophe est plus ou moins spirite
et occultiste.

**

L'occultisme, son nom l'indique, veut dire
caché. Cette science, connue seulement des
initiés depuis la plus haute antiquité, donne
certaines connaissances des lois de la nature

non généralement connues, et constitue ainsi certains pouvoirs qui, mis entre les mains des profanes, pourraient être employés pour le mal et causer de graves préjudices, comme cela ne se produit que trop par les magiciens noirs, lesquels ont malheureusement pu saisir certains secrets occultes.

A mesure que l'humanité deviendra plus éclairée et meilleure, ces secrets se dévoileront par la science profane, comme cela s'est produit pour l'Écriture, le spiritisme, l'hypnotisme, le magnétisme, etc. Mais le moment n'est pas encore venu de faire connaître certains secrets occultes.

***

L'occultisme, comme nous l'avons dit, est l'étude et la pratique de la magie. Il y a trois catégories de mages : les mages blancs, les mages gris et les mages noirs, ainsi dénommés à cause de la tenue spéciale que chaque catégorie porte dans ses réunions.

Les mages blancs sont ceux qui n'ont en vue que le bien général et individuel. Ils emploient leurs pouvoirs pour guérir, consoler, encourager dans le bien.

Pour eux, l'inimitié, la haine, l'envie, la méchanceté, la malveillance, sous quelque forme qu'elles se produisent, ne doivent pas exister.

Ils doivent travailler pour le bien des autres sans désir ni espoir de récompense, uniquement par devoir, et garder le secret du bien qu'ils font.

A mesure qu'ils se fortifient dans ces principes, leurs pouvoirs se développent, leurs conceptions s'agrandissent, leur âme entre en communication avec l'Ego divin et ressent une sérénité à l'abri de toute crainte, s'élevant au-dessus de toute souffrance morale, même au-dessus des souffrances physiques lorsqu'elles ne sont pas déterminées par des dettes karmiques.

Généralement, à leur approche on se sent pénétré par un fluide bienfaisant et attractif. Souvent les traits de leur visage reflètent le calme de leur âme, mais ils ont à lutter contre les passions mauvaises que certains êtres astraux cherchent à déchaîner contre eux.

***

Les mages gris, sans être mauvais, sont peu intéressants à cause de leur égoïsme.

Leurs pouvoirs sont médiocres, mais ils sont en général favorisés par la fortune, dont ils usent plutôt pour leur satisfaction personnelle que pour celle d'autrui.

Seulement, connaissant les lois du Karma, ils donnent à leurs derniers moments une partie de leur fortune dont ils ne peuvent plus profiter, sachant qu'un large équivalent leur reviendra à l'incarnation suivante.

Ils sont donc assurés de la fortune, mais

non du bonheur, car selon la manière dont ils auront agi, ils peuvent être délaissés et souffrir beaucoup de l'abandon où ils peuvent se trouver.

***

Les mages noirs sont ce que l'on appelle communément les sorciers. Ils se servent plus particulièrement de leurs pouvoirs pour nuire.

La sorcellerie, que beaucoup nient, existe réellement, et elle fait plus de mal qu'on ne le suppose.

Les victimes des mages noirs sont nombreuses, surtout à cause du mauvais emploi qu'ils font de leurs pratiques hypnotiques, des suggestions parfois épouvantables que ces pratiques facilitent, ainsi que des maux projetés par eux à distance.

Aussi se créent-ils un terrible Karma, car d'abord ils ne peuvent, après leur désincarnation, que très rarement arriver aux parties les plus basses du plan mental, et ils sont presque fatalement réincarnés dans des corps d'idiots, où ils souffrent d'autant plus qu'ils sentent en eux des connaissances et ne peuvent les manifester.

**

Le maniement des êtres de l'astral fait partie de la magie. Parmi ces êtres connus sous les dénominations générales de Dévas ou maîtres directeurs du plan; de Pitris chargés du développement des corps animés ou inanimés; d'élémentals êtres inconscients possédant de grands pouvoirs fascinateurs dont ils usent assez souvent, sans méchanceté, uniquement pour s'amuser envers certaines personnes, en faisant disparaître à la vue de celles-ci des objets qu'un moment auparavant elles tenaient à la main, etc., etc.

Ces êtres, par leur nature, ne sont ni bons ni mauvais, mais ils adoptent les idées et les pensées de l'homme qui les assujettit, comme cela se produit sur le plan physique pour certains animaux domestiques, comme le chien, par exemple, que l'on fait bon ou méchant selon la manière dont il est dirigé. Il y a aussi les élémentaires, esprits des désincarnés humains. C'est dans cette catégorie que se trouvent les âmes vicieuses, envieuses et jalouses, dont le grand plaisir est de pousser au mal les humains qu'elles cherchent à obséder.

Chacun de ces êtres ne peut réellement nuire qu'aux personnes malintentionnées et dont les vibrations se prêtent à leurs méfaits.

Les bonnes vibrations ne se laissent pas pénétrer par les mauvaises; alors celles-ci retournent à leurs auteurs auxquels elles reportent, renforcées par le choc du retour, les souffrances qu'elles devaient produire.

***

Parmi ces êtres de l'astral et surtout les élémentals, dont le nom unique indique la généralité, comme on donne le nom de poissons aux infinies variétés des habitants des eaux, il y en a qui ont la propriété de se matérialiser par l'éther, fluide matériel extrêmement plastique obéissant à la volonté lorsqu'on sait l'employer.

Alors ces certains élémentals deviennent visibles sur le plan physique et constituent les lutins, farfadets, djinns, follets, dames vertes, etc., encore très connus en Écosse et autrefois très fréquents dans la plupart des campagnes.

⁎⁎⁎

Si l'on en parle moins maintenant qu'autrefois, cela tient à plusieurs raisons : d'abord le scepticisme qui porte à ne prêter aucune attention aux divers phénomènes et à les considérer comme nuls quand ils se produisent. On voit des effets analogues sur le plan physique. Par exemple, si un chien voit que l'on ne fait pas attention à lui, il passe

indifférent ; si au contraire on l'observe, on
l'appelle, on le caresse, il reviendra facilement dans l'endroit où il aura été l'objet de
bonnes attentions.

Ensuite la crainte de passer pour ridicule
aux yeux des incrédules, fait que beaucoup de
cas constatés par certaines personnes les em-
pêchent de dire ce qu'elles savent, ce qu'elles
ont vu.

Il y a aussi l'indifférence des êtres qui se
manifestaient, lesquels voyant que leurs effets
ne se produisent plus que dans les endroits
et les cas où ils sont sollicités, comme le ferait
une personne en visite à laquelle on ne por-
terait aucune attention : elle ne reviendrait
pas.

***

Mais ces êtres n'existent pas moins, souvent même à l'état non matérialisé dans
notre entourage sans que nous nous en aper-
cevions. Ce sont des auxiliaires de la magie

pouvant être employés soit en bien, soit en mal, selon la nature bonne ou mauvaise du mage employeur.

✳

C'est aussi par l'emploi des élémentals que les fakirs de l'Inde font des choses qui émerveillent les personnes avec lesquelles ils veulent bien se livrer.

Par une longue contention d'esprit, ils les ont attirés et domestiqués en quelque sorte, bien qu'ils se montrent en général hostiles à l'homme, et obtiennent par eux des moyens de fascination qualifiés de merveilleux, même parmi les personnes les plus sceptiques.

✳

Les expériences auxquelles peuvent se livrer les dits fakirs sont tellement nombreuses et variées, que l'on ne peut les déterminer.

Nous nous bornerons simplement à en donner comme échantillon l'exemple ci-après

raconté par un professeur très connu : « Dans
une séance que me donna mon ami Tchi-
Maya, pendant un voyage scientifique que
je faisais dans les Indes, il me pria d'ap-
porter du jardin un petit vase de fleurs et de
le déposer au milieu du salon. J'obéis : je choi-
sis un petit vase et je l'apportai.

Le fakir, qui était assis sur un tabouret de
bambou, imposa les deux mains dans la direction du vase — il en était à deux ou trois
mètres — resta immobile dans cette position
pendant un quart d'heure, et me déclara en
souriant : « Les Esprits sont venus et nul
n'enlèvera ce vase sans leur volonté ».

Je m'approchai du vase et j'essayai de l'en-
lever. Il était adhérent au sol. Je redoublai
d'efforts et des deux mains je tentai de l'en
arracher. Ce me fut impossible, je craignais
que la terre fragile du vase se brisât et me
coupât les mains, mais elle était plus dure que
du bronze.

Je priai le fakir de s'éloigner ; il descendit

les gradins de la terrasse et se rendit au fond
du jardin en reculant. Il me fut impossible
de détacher le menu vase du sol. Enfin il
détourna la tête et le vase n'eut plus que
son poids spécifique ordinaire : cinq cents
grammes environ.

Tchi-Maya revint ; il me pria de porter le
vase sur une balance et de le peser. Je dis-
posai sur le plateau tous les poids de vingt
kilogrammes que je pus trouver et je n'arrivai
pas à établir l'équilibre. L'un des plateaux
de la balance était surchargé d'un poids de
cent vingt kilogrammes et ne parvenait pas à
faire lever l'autre, qui ne portait que le petit
vase de fleurs.

Enfin Tchi-Maya retira lui-même le vase,
laissa les six poids de vingt kilos dans un
plateau de la balance et me pria de porter
dans l'autre plateau une plume de paon. J'o-
béis et la plume de paon souleva les cent-vingt
kilogrammes de l'autre plateau. Je soufflai
dessus pour la faire voltiger, mon souffle l'en-

leva et le plateau chargé des cent vingt kilogrammes retomba lourdement.

**

En général, la dénomination « occultiste »
doit être prise dans la bonne acception de ce
terme, qui n'est guère employé que par les
mages blancs et les théosophes, facilement
reconnaissables pour leurs sentiments em-
preints de la plus grande bonté; mais leurs
familiers seuls et assez peu nombreux peuvent
les reconnaître, parce que leur discrétion les
porte à se livrer peu, de sorte que l'on peut
les côtoyer sans se douter de ce qu'ils sont.

L'étude de l'occultisme n'a pas de limites,
celui qui s'y livre a toujours à apprendre parce
qu'il y a toujours à observer et toujours de
nouvelles choses à découvrir.

**

A mesure que des faits occultes sont divul-
gués et développés, ils cessent d'être occultes

et deviennent scientifiques, et ils sont nombreux ces faits : rien qu'en ce qui concerne le corps humain on en voit des quantités.

Par exemple la photographie a eu son principe dans la chambre noire de l'œil ; le microphone par le pavillon de l'oreille et le tympan, etc., etc.

L'écriture même a paru occulte, ainsi que l'établit la petite histore ci-après.

Le colonel d'un régiment d'Afrique, qui avait pour domestique un arabe illettré, envoya celui-ci porter quatre perdreaux avec une lettre à son rénéral. L'arabe, en chemin, déroba deux perdreaux et porta les deux autres. Le général lui fit le reproche d'en avoir volé deux. L'arabe niait. Le général lui dit alors : j'en suis certain, cette lettre me le prouve. L'arabe avoua. Quelque temps après il fut chargé d'une commission semblable et déroba encore deux perdreaux, seulement auparavant il eut soin de cacher la lettre sous une pierre. Le général lui ayant fait les

mêmes observations que la première fois, l'a-
rabe abasourdi finit par répondre : « Votre
papier ne peut pas vous le dire et n'a pas pu
voir, puisque je l'avais caché sous une pierre
quand je les ai pris ». Donc pour l'arabe, la
lettre représentait un pouvoir magique.

***

En résumé la magie est la mise en œuvre
de forces inconnues du vulgaire, mais il n'y
a pas plus miracle de la part d'un magicien
qui, par exemple, fait pleuvoir ou arrête la
pluie ou la grêle — ce à quoi la science est
arrivée par d'autres voies au moyen de canons pare-grêle — que de celui qui empêche
par des moyens occultes le passage de personnes ou d'animaux dans certains endroits,
ou de guérir par simple attouchement un mal
de tête.

XIII

TÉLÉPATHIE

La télépathie, c'est-à-dire le transport de la pensée à distance, quoique encore occulte, n'est plus guère niée maintenant qu'elle est à la veille de devenir scientifique.

Il y a beaucoup d'analogie avec la télégraphie sans fil. Pour celle-ci il faut l'accord, la parfaite harmonie entre l'appareil expéditeur et l'appareil récepteur, le plus mince désaccord empêche les communications. Pour la télépathie il faut également qu'il y ait parfaite harmonie entre le cerveau expéditeur et le cerveau récepteur.

* * *

Cet accord, — il n'en coûte pas de le dire, puisque cela ne peut nuire — s'obtient par sympathie mutuelle et contact préalable de cerveau à cerveau. Il est indispensable aussi de convenir de l'heure exacte et de l'endroit où chacun se trouvera pour les communications. On doit aussi choisir de préférence la nuit au jour, à cause des vibrations.

Cela établi, penser fortement en retenant sa respiration et ensuite attendre sans préoccupation ni effort de volonté la pensée réponse qui arrivera presque instantanément, car à la différence de la télégraphie sans fil qui se transmet par ondes, la pensée va directement au but.

**

Il est utile de commencer par un mot usuel; seulement, plus tard, lorsque l'habitude est prise, on augmente insensiblement le vocabulaire.

Les avis de décès ou les apparitions de défunts sont en général des envois télépathiques de pensées monoïdéiques de mourants à leurs derniers moment, alors que l'âme, déjà en

partie dégagée du corps, recouvre ses facultés
astrales. C'est pour cela que l'on est parfois
averti du décès de personnes auxquelles on ne
pensait pas : il y a alors souvenir d'affections
astrales passées ou présentes.

XIV

MAGNÉTISME

Le magnétisme est la transmission de la
force vitale du magnétiseur au magnétisé ; il
est à la magie blanche ce que l'hypnotisme est
à la magie noire.

Employé pour la guérison, il peut produire
des effets bénéfiques surprenants, car bien que
la médecine catalogue plus de trois mille
cinq cents maladies, il n'y a en réalité qu'une
seule cause, à l'exception, bien entendu, des
fractures et blessures. Cette cause unique,

c'est la perturbation du fluide vital. Que l'équilibre soit rétabli dans ce fluide, la maladie n'existe plus.

Seulement les médecins, imbus des idées matérialistes qu'ils ont puisées dans leurs études, n'admettent que ce qui tombe sous les sens.

***

Au lieu de soigner les maladies par l'âme, ils se bornent à soigner le corps, lors même qu'avec un peu de réflexion ils pourraient se rendre compte, ainsi qu'il a déjà été dit, que le corps matériel ne souffre que par le double éthérique, ainsi que le prouvent les anesthésiques, qui ont la propriété d'éloigner le double éthérique ou fluide vital.

C'est ce double qui maintient chaque molécule à sa place et lui fait remplir la mission dont la nature l'a chargée, et différente pour chacune, car on comprendra facilement qu'une molécule de la jambe ne peut remplacer une du cerveau ou de l'estomac.

Il suffit qu'une seule molécule manque à sa mission pour que le fluide vital soit perturbé.

Que par l'intervention d'une aide fluidique, le double éthérique soit renforcé, celui-ci oblige la molécule à remplir sa fonction et la mécanique humaine reprend sa marche normale.

***

Par le magnétisme, qui ne doit être employé que par des gens bien portants, le fluide transmis se porte à la partie malade dont il renforce la vitalité.

Non seulement le magnétisme peut produire son effet sur les personnes présentes, il peut aussi agir à distance lorsqu'on connaît la manière de l'employer, de sorte que les poursuites intentées par certains tribunaux contre les magnétiseurs ne peuvent atteindre ceux-ci, car ils peuvent soigner et guérir par le magnétisme à distance, à l'insu même de la personne soignée.

***

Pour cela, l'occultiste, connaissant les pouvoirs de la pensée sur l'od humain, agit de manière à constituer des formes pensées, dont il dispose pour les envoyer porter, à n'importe quelle distance, leurs effets bienfaisants. Ce moyen est même préférable, quant au résultat, au magnétisme employé par passes ou autrement sur les personnes présentes, parce que les personnes éloignées, ignorant le plus souvent les soins dont elles sont l'objet, ne mettent pas obstacle aux effets du fluide par leurs pensées incrédules ou opposantes, ou trop violentes même dans l'idée du succès.

Il est connu que les pensées trop actives troublent les fluides comme le ferait une pierre jetée dans une flaque d'eau, et les met hors d'état de s'harmoniser avec celui, calme, projeté par le magnétiseur.

Cela est une indication dont il doit être tenu grand compte. Si le magnétiseur n'a pas tout son calme, s'il est en proie à la colère, à une émotion forte en un mot, il doit s'abstenir absolument de toute action magnétique dont l'effet serait plus nuisible qu'utile.

⁎⁎

Le secret des soins donnés augmente leur efficacité, parce que la pensée n'est pas détournée de son objet par la divulgation qui en affaiblit la portée. C'est même par un effet analogue que des personnes, ayant le pouvoir de guérir certaines affections par des moyens secrets, perdent ce pouvoir s'ils publient ces secrets.

Du reste, chacun peut constater, dans son entourage, la différence de puissance existant entre un homme réservé et discret et un loquace. Ce dernier sera presque toujours, et en peu de temps, dominé par le premier, uniquement parce que son verbiage, en propageant ses fluides mentaux, en aura altéré la qualité, à moins qu'il s'agisse de discours, de conférences, de matières instructives et étudiées, lesquelles alors renforcent le mental au lieu de l'affaiblir, comme le ferait le bavardage.

⋆

Lorsque des personnes ayant la faculté voyante naturelle sont soignées par des formes pensées, si elles n'ont pas des notions d'occultisme, elles voient des êtres blancs, brillants, occupés autour d'elles : alors elles disent, lorsqu'elles ne craignent pas que l'on se moque d'elles, qu'elles ont été soignées par des anges. De fait, il y a un peu de cela, car en toute action bienfaisante il y a de l'ange humain.

⋆

En matière de magnétisme l'intention est puissante et produit des effets proportionnés à sa fermeté.

Un caractère futile ou mou ne se prête guère au magnétisme, et lors même que l'individu affligé de ce caractère arriverait à magnétiser des gens très sensitifs, les seuls sur lesquels il pourrait peut-être avoir quelque action, il n'obtiendrait que peu ou pas de résultat.

Le seul moyen de remédier à ce caractère faible, serait d'exercer sa volonté en ne faisant pas ce que l'on désire et en faisant ce que l'on ne désire pas.

Par exemple, un homme a appris une nouvelle intéressante, il éprouve le désir, le besoin même de la communiquer, il devra s'en abstenir; ou bien il ira se promener alors que son désir serait de rester à la maison, etc., etc. En un mot il doit contrarier ses désirs pour se rendre maître de sa volonté; mais ceux qui sont capables d'agir ainsi sont en bien petit nombre.

$$\ast \atop \ast \; \ast$$

Le magnétisme a aussi la propriété de dégager, en quelque sorte, l'âme de la matière et de lui permettre la vue de l'astral à des distances considérables; c'est ce que l'on appelle communément les pouvoirs somnambuliques.

Ainsi, un sensitif en sommeil somnambulique provoqué verra, à mille lieues et plus, une personne avec laquelle il sera mis en rapport par des objets intimes appartenant à cette dite personne, et dira ce qu'elle fait au moment de l'expérience. Si par exemple il dit que cette personne écrit et qu'on lui demande ce qu'elle écrit, il le lira.

Ces cas sont bien connus et constituent un des pouvoirs de la magie.

***

Un autre pouvoir magique réside dans la connaissance que toutes les forces de la nature restent en rapport magnétique avec la cause dont elles dérivent, et retournent à cette cause par des voies plus ou moins directes. L'eau de la mer, par l'évaporation, forme les brouillards, la pluie et les fleuves, qui retournent à la mer;

l'électricité par le courant de retour revient au point de départ; l'arbre restitue à la terre l'azote emmagasiné par ses feuilles, et à l'atmosphère, par la combustion, l'oxygène concentré dans l'aubier, etc., etc.

De même en ce qui concerne l'homme, pensées, paroles, actes, etc., rien ne se perd, tout retourne avec plus ou moins de modifications à son auteur. C'est par l'application de la loi de rapport que se produit cette puissance occulte par laquelle on récolte plus ou moins tôt ce que l'on a semé, soit en bien, soit en mal.

C'est également par la mise en pratique de cette même loi que se font les envoûtements et autres maléfices des magiciens noirs.

***

Cette loi occulte explique bien des choses près desquelles la science physique passe sans vouloir les admettre ni même les examiner.

Ainsi cette science s'acharne, depuis Newton,

7

il y a deux siècles, à chercher la cause pour laquelle une pomme tombe de l'arbre sur le sol, et ne trouvant pas mieux elle l'a attribuée jusqu'à maintenant à l'attraction, alors que la cause réelle est, selon l'occultisme, le retour au point de départ initial qui est la terre, comme la vapeur de la locomotive retourne à la mer.

S'il s'agissait uniquement d'attraction terrestre, comment alors expliquerait-on les cas de lévitations dont l'histoire de tous les temps fait mention, et maintenant très connus et souvent constatés dans les séances des réunions spirites.

***

Il est vrai que si l'on n'explique pas, on préfère nier contre toute évidence, mais jamais aucune négation n'a été une démonstration.

Si au lieu de nier on réfléchissait aux causes qui produisent ces phénomènes de lévitations,

on ne tarderait pas à trouver qu'elles résident
dans les forces astrales diverses selon les cas,
soit par excitation puissante de l'âme, à retour-
ner dans son élément astral et arrivant à en-
traîner le corps matériel quand il s'agit de
l'homme, soit par l'action des esprits de l'astral agissant au moyen de l'éther qu'ils ont le
pouvoir de manier pour léviter des meubles
ou instruments, ou pour leur donner une pesanteur de beaucoup supérieure à leur poids
spécifique.

*
* *

Que l'attraction existe, la chose n'est pas
douteuse, l'aimant le prouve. Mais alors
quelle est la cause de cette attraction? Elle
paraît précisément due à la loi de rapport
magnétique des tendances de retour de la
matière à son point d'origine.

Il n'est pas jusqu'aux marées qui, produites
par la lune, chercheraient à s'élever vers cet
astre, lequel aurait cédé à notre terre son élément liquide.

XV

L'UNIVERS

En regardant bien, on s'aperçoit que tout retourne à l'unité, cause des causes, devant laquelle, jusqu'alors, l'intelligence humaine est arrêtée.

Nous disons jusqu'alors parce que nous ne savons pas encore ce que l'avenir nous réserve, dans quelques milliards d'années, par exemple, temps énorme et qui pourtant n'est rien, comparé à l'éternité.

Cependant rien que pendant le temps éphémère de notre vie présente on peut constater le pas gigantesque fait par l'humanité dans ses conceptions.

Il y a un siècle seulement, on parlait de l'infini comme d'une question vague à laquelle bien peu réfléchissaient : infini des nombres,

infini du temps, infini de l'espace, infini de
Dieu même, que l'on ramenait à l'anthropo-
morphisme.

Si alors quelques rares penseurs en par-
laient, ils s'embrouillaient dans des explications qui n'expliquaient rien, parce que le fini
ne peut ni comprendre, ni expliquer l'infini.

Maintenant on pense davantage, on réfléchit
mieux.

* *
*

L'astronomie, en détruisant la voûte céleste,
ouvre le champ aux idées sur l'infini de l'espace, en démontrant que chaque étoile est un
soleil comme celui qui nous éclaire, ou, autrement, que notre soleil n'est qu'une étoile
parmi les dix-huit millions peuplant seulement
la voie lactée.

Elle nous démontre, l'astronomie, que la
lumière de ce soleil, un million trois cent mille
fois plus gros que la terre et éloigné de celle-ci
de trente-sept millions de lieues, nous arrive

en huit minutes treize secondes en parcourant
trois cent mille kilomètres par seconde, alors
que celle de l'étoile la plus rapprochée de
nous met trois ans et huit mois à nous parvenir.

Et elle nous apprend, l'astronomie, que le
télescope fait apercevoir des étoiles dont la
lumière met des milliers d'années pour arriver
jusqu'à nous à cette même vitesse de soixante-
quinze mille lieues par seconde.

Qu'à mesure que des instruments plus puissants sont construits, on découvre des nouveaux soleils plus éloignés, et toujours, toujours, sans aucune limite possible.

Elle nous explique aussi que si les planètes
de notre système, les seules apercevables
jusqu'à présent, paraissent, à la simple vue,
des étoiles, c'est parce que ces corps, dépourvus
de lumière par eux-mêmes, ne paraissent lumineux que par réflexion de la lumière solaire,
mais que l'on ne peut se tromper sur leur nature à cause du changement chaque jour va-
riable de leur situation, tandis que les étoiles

restent toujours au même point, non qu'elles soient immobiles, attendu qu'il n'y a pas dans l'univers un seul atome en repos complet, mais parce qu'elles se meuvent à des distances si considérables que leur déplacement passe inaperçu.

***

Et alors on peut se figurer par la pensée combien notre minuscule terre, ce grain de sable qui se balance sous nos pieds, est peu dans l'univers.

Ensuite, réfléchissant combien l'homme est petit sur le globe, on est en droit de se demander par quelle puissance cet atome humain a pu absorber en lui des conceptions aussi immenses.

On arrive ainsi à donner à l'homme l'idée de ce qu'il est réellement.

***

Ainsi qu'on le voit, dans un temps relativement court, les idées se sont singulièrement agrandies et font prévoir que de nouvelles découvertes, que des explications encore sous le voile, développeront davantage les esprits dans la voie évolutive, car aucune limite ne peut être fixée à l'intelligence humaine.

Cette évolution conduira à l'altruisme en faisant connaître que chaque individu a une part de responsabilité dans la collectivité.

De la sorte, les mœurs se modifieront, s'adouciront, et l'on ne verra plus des masses d'hommes se ruer sur d'autres masses d'hommes pour quelques poignées de terre ou d'or, ou pour des croyances étroites comme l'histoire en offre de si tristes exemples.

Sans doute, les esprits chagrins ne voulant voir que le mauvais côté des choses contesteront l'évolution produite et ses avantages comme ils l'ont toujours fait, mais ils ne pourront l'arrêter : car c'est une loi de nature et contre les lois de nature les forces humaines sont impuissantes.

Quant aux négateurs de toute cause première, en voyant la perfection de tous les mouvements de la vaste mécanique céleste, on est amené à répéter ce que disait un vieux philosophe à ce sujet : « Je ne crois pas que l'on puisse concevoir une horloge sans horloger ».

XVI

LA PENSÉE

Un occultiste très avancé disait un jour : Si l'homme connaissait tous les pouvoirs qu'il possède, il s'en enorgueillirait.

Eh bien, le plus grand des pouvoirs humains et auquel cependant on porte le moins d'attention, c'est la pensée.

Aucune parole, aucun acte, aucun geste ne se produit sans avoir la pensée pour cause initiale.

La joie, le plaisir, la peine, la souffrance dérivent de la pensée; mais celle-ci n'est, le plus souvent, que la reproduction de pensées ambiantes que l'individu s'assimile en raison des vibrations en harmonie avec ses tendances ou ses penchants, soit par des écrits, soit par la parole, soit à l'état fluidique.

Chacun peut avoir par soi-même la preuve de ce qui précède, en cherchant dans sa mémoire combien il a pu émettre de pensées neuves. Bien rares sont ceux qui pourraient arriver à trente ou quarante.

***

Voyons d'abord comment se produit le processus de la pensée, ou mieux des pensées, car il y a les pensées mentales qui émanent de l'âme et les pensées cérébrales émises par le cerveau. Il est bien entendu que les expressions « émanent » et « émises » n'infirment en rien la reproduction des pensées :

lorsqu'elles sont saisies par le sujet, elles deviennent siennes.

En général, les pensées cérébrales, celles par exemple provenant de l'étude, passent au mental où elles sont soumises à l'examen de l'âme et où elles s'impriment en souvenir subliminal en raison de leur importance et selon qu'elles sont en confirmité avec la conscience de l'âme.

C'est par l'effet de cet examen de l'âme que l'on voit des gens refuser de croire certaines choses malgré leur volonté contraire, comme cela est arrivé à un prêtre qui était désolé de ne pouvoir croire à l'infaillibilité du pape, bien qu'il fît tous ses efforts pour se conformer à ce dogme.

***

La pensée mentale ne peut se manifester sur le plan physique qu'en passant par le cerveau, où elle est souvent dénaturée et modifiée, surtout si elle y séjourne un temps

plus ou moins long, parce que le dit cerveau
appartient au monde physique de l'illusion.

En général, la pensée mentale émanant de
l'âme est beaucoup plus vraie que la pensée
cérébrale, c'est pour cela que l'on dit communément que la première pensée, c'est-à-
dire celle fugitive qui se produit comme un
éclair, est la bonne.

Les rêves lucides dont on conserve parfois
un souvenir au réveil, mais effacés presque
aussitôt, parce qu'ils ne sont pas inscrits
au cerveau, proviennent de pensées mentales, tandis que les rêves, diffus, sans suite,
dont le souvenir reste, sont produits par
la pensée cérébrale. Donc, toutes les pensées
émises sur le plan physique ont passé par le
cerveau, mais toutes ne proviennent pas du
cerveau.

**

***

Lorsqu'une pensée est émise, elle s'échappe
comme un fluide dont l'énergie est propor-

tionnée à sa force de projection, de sorte que les pensées vagues s'éloignent peu de leur auteur, à qui elles reviennent selon la loi de rapport, sans grand avantage ni désavantage.

Par contre, les pensées fortes, si elles sont lancées sur un point fixe, s'y rendent directement. Quand elles n'ont pas de point déterminé, elles s'étendent en ondes spiroïdales comme les ondes de la télégraphie sans fil.

Elles communiquent leurs effets bons ou mauvais, selon leur nature, à tous les êtres placés dans leur rayonnement et en harmonie pour les recevoir, comme cela se produit dans la télégraphie sans fil où les appareils en harmonie, seuls, peuvent recevoir les communications.

***

Il en résulte que les pensées bonnes renforcent les bonnes qu'elles rencontrent, de même dans le sens opposé, les mauvaises renforcent les mauvaises. Ensuite, par la loi de rapport elles reviennent à leur auteur renforcées en bien ou en mal.

De sorte que l'homme de bien propage le bien plus que l'on ne croit, et l'homme mauvais propage le mal et la souffrance au delà de ce que l'on peut supposer; car il est connu que le bien calme, soulage et donne à la conscience une satisfaction telle, que souvent l'aura de la physionomie la reflète, tandis que le mal trouble, énerve, produit les reproches de la conscience et donne à l'aura un reflet plus ou moins antipathique.

***

Dans le cours de l'existence, on voit des gens se tourmenter, souffrir même parfois pour des questions de mince importance, parce que toujours ils s'exagèrent les motifs de leurs ennuis, uniquement à cause de l'attention qu'ils y portent, alors que toute souffrance disparaîtrait s'ils s'abstenaient d'y penser.

Lorsqu'on leur enseigne ce moyen de se soustraire à la douleur, ces personnes répondent que cela leur est impossible ; il leur serait facile cependant de considérer combien leurs ennuis seraient peu de chose vus de Sirius.

* * *

Quant aux habitudes chagrines il faut les combattre par l'optimisme ; pour cela il est nécessaire de tracer une nouvelle voie à la pensée, parce que celle-ci, généralement paresseuse et rétive, suit toujours le chemin de moindre résistance.

Pour en donner une explication un peu matérielle, il faut se figurer que le chemin jusqu'alors suivi par la pensée est frayé, battu, commode, mais qu'il conduit à de mauvais endroits.

Alors on doit s'attacher à construire un autre chemin, naturellement difficile dans les commencements, et d'où la pensée tend à s'échapper pour revenir à sa facile voie habituelle.

Il faut persévérer à la forcer de suivre ce chemin neuf, en la faisant au besoin dévier momentanément sur d'autres sujets de son choix, et en la ramenant insensiblement au point à atteindre, comme on le fait dans le dressage des chevaux vicieux.

⁂

Au bout de quelque temps l'ancien chemin s'obstruera, deviendra raboteux, difficile, pendant que le nouveau deviendra plus facile, plus uni par l'usage ; alors la pensée suivra sans difficulté cette nouvelle voie, qui sera devenue le chemin de moindre résistance.

Sans doute ces résultats ne s'obtiennent pas sans difficultés, sans luttes contre soi-même : rien ne s'obtient sans se donner la peine de l'acquérir.

L'enfant n'apprend pas à lire sans lutter contre sa paresse native. —

⁂

On devrait s'habituer à n'avoir que des pensées fortes, ayant un but bien déterminé, c'est le moyen de se former un caractère énergique, capable de lutter avec succès contre toutes les vicissitudes de la vie.

L'occultisme nous apprend que la pensée est créatrice. Lorsqu'on s'est habitué à penser fortement sur un sujet, les pensées s'agglomèrent, se convertissent en fermes pensées, lesquelles deviennent égrégores et ont la puissance de porter leurs effets aux endroits et aux sujets où leur auteur juge à propos de les envoyer.

⁂

C'est en agissant de cette manière que des sujets exercés portent à distance les soins, la guérison, les consolations et les encouragements. Pour cela il est utile que celui qui a besoin d'aide, le demande par la pensée le soir avant de s'endormir.

Alors la pensée qui voyage en astral pendant le sommeil trouvera, par harmonie sympathique, les secours dont elle a besoin et qu'elle obtiendra sûrement, quand toutefois les conditions karmiques n'y mettront pas obstacle.

* *
*

En résumé, la pensée est une puissance très grande dont on doit user uniquement pour le bien si l'on veut s'éviter la douleur, car sous quelque forme que le mal se produise il cause toujours la souffrance, parce qu'il est contraire aux lois évolutives.

Cette puissance est comme le sabre de Prudhomme, elle peut faire le mal comme le bien, c'est pourquoi on ne saurait trop recommander de conduire toujours ses pensées dans de bonnes directions.

XVII

BIOLOGIE, REMÈDES VÉGÉTAUX ET OCCULTES

L'homme a en général la tendance à ne s'en rapporter qu'au témoignage de ses sens, cependant si limités et si imparfaits.

Il est vrai que les moyens trouvés par la science pour remédier à la pauvreté de nos sens, tels les instruments d'optique, lunettes, télescopes, microscopes et autres, ont déjà un peu modifié ces tendances chez les chercheurs et les penseurs, mais ceux-ci sont encore en si petit nombre qu'ils n'infirment guère la généralité des tendances et, chose triste à constater, l'orgueil porte le plus souvent l'homme à nier, à rejeter ce que, souvent par paresse d'esprit, il ne comprend pas et ne veut pas chercher à comprendre, alors que la sagesse la plus élémentaire lui conseillerait au moins d'étudier avant de rejeter.

***

Mais les sens de l'homme, dont il se targue tant, sont souvent bien inférieurs à ceux des animaux : l'aigle, du haut des nues, voit une souris dans l'herbe, l'hirondelle chasse au vol des insectes inapercevables à l'homme, le chien retrouve son maître ou découvre un gibier par l'odorat, etc.

Le psychisme même des animaux est souvent supérieur à celui de l'homme : le chat refusera de rester sur le lit de son maître malade si celui-ci doit mourir de la maladie dont il est atteint, le chien hurlera à la mort dans le voisinage d'un endroit où se trouvera un cadavre humain, le cheval refusera de s'engager sur un terrain dont le sous-sol manque de solidité, le serpent fascinera à distance l'oiseau dont il veut faire sa proie, et quantité d'autres exemples pourraient être invoqués pour établir la preuve d'un psychisme plus

développé chez certains animaux que chez
l'homme normal.

Celui-ci, en évoquant le témoignage unique
de ses sens, se constitue donc un état d'infériorité sur certains points vis-à-vis de ses frères
non humains.

★

Si, par contre, l'homme veut réfléchir,
étudier, observer, se donner la peine d'apprendre, il constatera que cette infériorité
n'est qu'apparente et qu'en réalité il est le
maître de la nature.

« Tout ce que l'homme demande à la nature,
elle doit le lui donner et le lui donne, seulement il faut savoir le demander, et pour savoir
il faut apprendre. »

★

Il est pénible de voir combien est grande
l'insouciance et combien sont tenaces les préjugés dont souvent l'homme souffre par sa
faute.

Ainsi une personne est malade, vite elle fait appeler un médecin, qui sera parfois un inconnu ou un indifférent, dont le paiement des honoraires sera la préoccupation dominante.

Cette personne aura employé une partie de son existence à apprendre les moyens de gagner sa vie, à gérer et à défendre ses intérêts, mais lorsqu'il s'agira de son intérêt le plus précieux, celui de sa santé, elle s'en remettra sans contrôle à l'avis de son médecin, alors qu'avec un peu d'étude et de volonté elle serait le plus souvent à même de se soigner et de se guérir elle-même.

Dans la plupart des cas, la nature toujours généreuse a placé le remède à côté du mal, mais on se garde bien d'avoir recours à ses avances, ce qui, selon la mode, serait contraire aux habitudes reçues et jetterait un vernis de simplicité sur les partisans de la médecine végétale.

**

Par exemple, quand un homme soi-disant

instruit fait de la botanique, il se contente, à
très peu d'exceptions près, de l'apparence
seule.

Quand il connaît la famille de la plante, sa
forme, sa couleur, le nombre et la distribution
de ses parties et son nom; quand il connaît
l'aspect microscopique de tout cela, il se croit
botaniste achevé, et cependant il ne sait rien
de l'être essentiel des plantes.

L'animal, ici encore, paraît supérieur à
l'homme, car il distingue sans se tromper les
plantes dont il peut se nourrir et celles dont il
doit s'abstenir.

***

L'occultiste, lui, s'attache à pratiquer l'hy-
giène que chacun doit connaître mais que si
peu emploient, et à connaître l'esprit des
plantes, leurs vertus thérapeutiques, curatives
et autres, de manière à pouvoir s'en servir pour
défendre lui-même sa santé et au besoin celle
des autres.

Connaissant les causes, il emploiera non seulement les herbes, mais encore selon les besoins, la lignothérapie, c'est-à-dire le traitement par les arbres, la métallothérapie, — traitement par les métaux — les différentes couleurs lumineuses et les vibrations solaires, etc.

Le plus souvent, par ces moyens employés à propos, il obtiendra des cures remarquables où parfois les remèdes chimiques auront échoué en laissant même parfois des suites incurables.

***

Or, sans avoir fait des études occultistes, chacun, en s'émancipant des préjugés en cours, peut, s'il est malade, étudier les causes de sa maladie, apprendre sans se donner beaucoup de peine les vertus des plantes, arbres et métaux, et en faire une application judicieuse selon les cas, en s'inspirant toujours de cette vérité que toutes les maladies ne sont que des effets de la perturbation du fluide vital ou éthérique, cause unique.

On peut aussi, sans avoir fait des études spéciales, pratiquer la gymnastique des poumons afin de s'habituer à respirer dans les meilleures conditions naturelles, car en général on respire mal, on n'emploie à la respiration que le tiers ou la moitié des poumons, de là des gênes, des souffles courts, des suffocations.

Pour y remédier, dans la plupart des cas il suffit pendant une ou deux minutes, matin et soir, d'attirer l'air lentement par une narine en bouchant l'autre, jusqu'à ce que toutes les vésicules des poumons soient remplies, et d'expirer, par la narine opposée, l'air aspiré et ainsi alternativement. De la sorte tout le poumon prend l'habitude de contribuer à la respiration.

Ce moyen est très utile, mais trop facile pour qu'on l'emploie.

***

Sans doute par des moyens occultes on obtient des résultats plus certains et plus prompts en mettant à profit les connaissances acquises de l'esprit et de la respiration des plantes et des arbres, connaissances du reste qui ont cessé d'être occultes pour devenir scientifiques, faisant connaître l'expiration d'oxygène assimilable pendant la journée et celle d'azote et d'acide carbonique pendant la nuit; la communication à l'organisme des fluides minéraux, etc.

⁎⁎

Outre cela, l'occultiste peut faire produire l'effet des remèdes sans même voir la personne à qui ils sont destinés, ni qu'elle les absorbe. Seulement comme cette connaissance serait une arme à deux tranchants, il n'est pas encore temps de la divulguer.

Il appartiendra à la médecine de la découvrir lorsqu'elle se décidera à voir dans l'objet de ses soins autre chose que le corps matériel.

Cela viendra, un peu plus tôt, ou un peu plus tard, qu'elle le veuille ou non, car c'est le progrès, et on n'arrête pas le progrès. On peut parfois le retarder, mais nulle puissance humaine ne peut l'empêcher de se produire.

XVIII

ATOMES

Longtemps la théorie atomique a été méconnue, maintenant elle est tout à fait entrée dans le domaine de la science; mais bien rares sont ceux qui s'en font une idée à peu près nette ou exacte.

L'atome est la partie la plus réduite que l'imagination puisse concevoir. On prétend qu'il y en a plus de cinq millions dans une tête d'épingle. Pour donner une vague idée de la petitesse de l'atome, on peut prendre pour comparaison la dimension d'un globule sanguin.

Chaque millimètre cube ou goutte de sang

contient de cinq à six millions de globules
rouges, et comme le corps de chaque être humain possède de cinq à six litres de sang, cela
fait environ trente trillions de globules rouges.
Or, tous ces globules sont des êtres vivants
pouvant être sectionnés; ils contiennent des
quantités d'atomes et de molécules : on peut
ainsi se rendre compte imaginativement par à
peu près de l'extrême petitesse de l'atome.

* * *

Tout dans la nature est soumis à la vie atomique. Le métal le plus dur comme la matière
la plus légère sont constitués par des atomes.

Ceux-ci sont réunis en groupes, mais sans
se toucher, étant maintenus à distance par les
forces attractives et répulsives générales dans
la nature. Bien que réunis en groupes, la distance d'un atome à l'autre est plus grande que
la dimension de son volume.

Chaque groupe d'atomes a reçu le nom de

« molécule »; les molécules sont également isolées les unes des autres, de sorte que les corps, quels qu'ils soient, sont composés d'atomes et de molécules.

Les dispositions des atomes et des molécules sont différentes pour presque chaque espèce de matière, ainsi que leur nombre; c'est ce qui différencie l'aspect des corps, leur nature et leur poids : un décimètre cube de platine, le corps le plus lourd dont l'usage soit connu, sera considérablement plus pesant qu'un morceau de liège de même volume, parce que le premier contiendra immensément plus d'atomes que le second.

***

Il y a non seulement les atomes de matière physique, mais encore les atomes électriques, les atomes éthériques, les atomes magnétiques, et quantité d'autres non encore connus.

Or, quelle que soit sa nature, en quelque

endroit qu'il se trouve, l'atome est toujours en mouvement, il n'est jamais en repos. C'est lui qui crée et désagrège.

***

Si quelqu'un avait la vue assez puissante pour voir les atomes, la matière cesserait d'être opaque, la vue la pénétrerait comme le fait la pensée, comme le font les êtres de l'astral, parce qu'alors les vibrations seraient en harmonie pour le permettre.

***

La matière n'est opaque que pour les habitants du plan physique, parce que les vibrations de ce plan ne s'harmonisent pas plus loin à l'état normal; mais à l'état somnambulique ces vibrations sont modifiées et permettent de voir à travers les corps matériels.

***

En examinant et étudiant une pierre, si

petite qu'elle soit, avec ses groupes d'atomes
et de molécules, on trouve la même analogie
entre ses parties qu'entre les étoiles ou soleils
et les nébuleuses peuplant l'univers astro-
mique ; l'une est le microcosme : très petit ;
l'autre est le macrocosme : très grand.

XIX

COULEURS, SUICIDE, FOLIE

De même que nous avons dit d'autre part
que les miracles et le surnaturel n'existent pas,
que ce que l'on prend pour tels n'est que l'application des secrets de la nature non encore
connus ; de même nous répétons que les couleurs n'existent pas.

Ce que l'on est convenu d'appeler « couleurs » n'est que l'absorption par la matière
de tels ou tels rayons lumineux.

Prenons par exemple la couleur verte, c'est celle qui retient les rayons verts et laisse passer les autres, comme les vitres les laissent passer tous. La couleur noire est celle qui absorbe tous les rayons, la couleur blanche est celle qui les reflète tous.

**

Il est bon de rappeler qu'indépendamment des sept couleurs primitives formées par l'arc-en-ciel, qui est la décomposition de la lumière, il en existe des quantités d'autres, seulement apercevables, les unes au moyen de certains instruments d'optique, les autres, en plus grand nombre, par la vue astrale : c'est pourquoi la vue astrale représente les objets et les couleurs avec des coloris très supérieurs à ceux saisis par la vue ordinaire.

**

D'autre part, dans le domaine physique, toutes les couleurs — nous disons couleurs pour nous conformer à l'expression usuelle — toutes les couleurs, disons-nous, ne sont pas perçues par chacun de la même manière.

Certains sujets les voient autres que ce qu'elles sont pour le plus grand nombre. Tel par exemple verra jaunes les rayons bleus, violets les rouges, etc.

Cette anomalie a reçu le nom de « daltonisme ». Elle est due à une affection de la rétine, qui absorbe d'une manière anormale tels rayons lumineux et fait voir les couleurs autres que ce qu'elles sont.

C'est une preuve de l'illusion de la matière, car supposons que sur dix hommes neuf soient daltonistes et voient jaunes ce qui est rouge, et que le dixième voie normalement rouge ce qui est rouge, il sera taxé d'erreur ayant la majorité contre lui.

Cette affection de daltonisme est assez fréquente pour nécessiter, tous les quatre ou cinq ans, un examen des mécaniciens des chemins de fer, afin de corriger des erreurs pou-

vant avoir de graves conséquences au sujet
des signaux.

Ce qui existe dans le domaine physique se
produit avec beaucoup plus d'intensité encore
dans celui de la métaphysique.

*
* *

Par exemple, les communications spirites,
sévèrement contrôlées, nous apprennent que
le suicidé ressent aussi longtemps qu'aurait
duré son existence normale, les souffrances,
les causes qui l'ont porté à s'ôter la vie, et que
pendant tout ce temps il reste attaché à son
corps, dont il sent et voit la décomposition, et
reste plongé dans l'obscurité.

Magré tous ses efforts pour s'échapper du
noir qui l'entoure, il ne peut se dégager de
son corps avant le moment venu, alors que
l'homme de bien, décédé de mort naturelle,
est immédiatement dégagé et plane dans le
rayonnement de la lumière astrale.

⁎⁎⁎

Ç'est par un phénomène analogue que se produisent les différences d'aspect que l'on constate dans les dédoublements de l'être incarné. Le dédoublement est une faculté appartenant à certaines personnes, comme d'autres sont somnambules, voyantes, etc.

Cette faculté, consciente chez certains, inconsciente chez d'autres, les fait apercevoir dans deux endroits différents en même temps, parfois alors qu'ils sont bien portants, mais plus souvent pendant la maladie ou au moment de la mort, alors que dans la plupart des cas le corps physique est à l'agonie ou à l'état de trance, c'est-à-dire de profond sommeil.

De ces deux apparitions l'une est produite par le corps physique, l'autre par le corps astral.

⁎⁎⁎

L'apparition, qu'elle soit consciente ou inconsciente, lorsqu'il s'agit de l'homme de bien, sera lumineuse, brillante; mais les magiciens noirs, dont beaucoup ont le pouvoir de se dédoubler, ne pourront apparaître que sous formes d'animaux plus ou moins grossiers, selon qu'ils sont plus ou moins vicieux et que leurs pensées créatives dans l'éther matérialisé sont plus ou moins mauvaises.

***

Ce qui se produit pour les incarnés a également lieu pour les désincarnés, ce que l'on conçoit facilement, le soi, dans un cas comme dans l'autre, étant le même.

La nature des apparitions suit les impulsions de la pensée de la même manière que les suggestions.

Celles-ci, à l'état hypnotique, sont maintenant tout à fait entrées dans la science et beaucoup trop connues pour qu'il soit besoin de s'y appesantir.

Mais ce dont on se doute peu, c'est la suggestion à l'état normal.

Chacun connaît cette brimade d'étudiants qui, pour se venger d'un concierge grincheux, avaient fait le simulacre de le condamner à mort par la saignée. A cet effet ils lui attachèrent les membres, lui bandèrent les yeux, le couchèrent sur une table et lui firent une légère piqûre au bras, en faisant couler de l'eau tiède sur cet endroit pendant que l'un d'eux tenait en-dessous un vase pour simuler le bruit de la coulée du sang. Ils disaient, de manière à être entendus du patient : il a déjà perdu tant de sang, il y en a encore pour tant de minutes avant qu'il meure, puis plus que tant de minutes, et ainsi jusqu'au moment où ils dirent : c'est fini. Alors ils le détachèrent et s'aperçurent à leur grand effroi qu'il était mort avec tous les signes de l'exsangue.

Il ne manque pas d'autres exemples de la puissance de la suggestion, même à l'état normal.

**

Les cas de suggestion à l'état normal n'ont pas tous des conséquences aussi graves que celles qui vient d'être rappelée; mais elles peuvent avoir d'autres effets au moins aussi désastreux, la folie, par exemple.

Pendant la suggestion, l'âme, fortement impressionnée par la pensée suggestive, s'extériorise plus ou moins, devient insensible à ce qui l'entoure, et ne s'aperçoit pas de la prise de possession de son corps par des entités mauvaises, toujours à l'affût des circonstances pouvant leur permettre la prise de possession des corps mal gardés.

Lorsque ces entités sont dans la place, elles en profitent pour agir sur le cerveau et conduire celui-ci aux divagations dont elles se réjouissent, au préjudice du malheureux obsédé.

Sans doute tous les cas de folie ne proviennent pas de cette cause, il y en a qui sont produits soit par les habitudes d'ivresse, soit par dérangement des molécules cérébrales, suite de lésions ou chocs; mais on peut considérer que plus d'un tiers des cas de folie, qu'il ne faut pas confondre avec l'idiotisme, affection congénitale, proviennent des prises de possession, dont la plupart des causes sont dues aux suggestions des autres ou de soi-même, comme par exemple le chagrin causé par la perte d'un être cher, d'une fortune, etc., dans lesquelles les portes de l'être restent ouvertes aux entités néfastes de l'astral.

C'est pour éviter de semblables infirmités que l'on ne saurait trop recommander à chacun de dominer ses pensées, afin d'être toujours maître de son mental.

XX

DÉSINTÉGRATIONS DE LA MATIÈRE, ORAGE, ETC.

Quand on parle de désintégration de la matière à des personnes non initiées en occultisme, on voit de suite poindre chez elles le sourire de l'incrédulité; cependant dans les séances occultistes et même spirites, ces faits sont fréquents.

C'est par ce moyen que s'envoient certains messages occultes et que se font les apports de fleurs ou autres objets.

Ces phénomènes sont en général produits, soit par des élémentals qui ont un grand pouvoir de maniement de l'éther et de désassociation des atomes, soit par des incarnés en connaissant le secret et ayant une forte volonté qui agit sur les atomes par l'éther très sensible à la volonté.

Lorsque la volonté cesse d'agir, l'action de l'éther faiblit, les atomes se réagrègent et la matière est réintégrée comme avant.

Du reste sans remonter au magisme, il se produit des désintégrations connues de tout le monde, mais auxquelles on ne fait pas de cas à cause de l'habitude que l'on a de les voir.

La glace, par exemple, se convertit en eau et cette eau se change en vapeur plus ou moins fluidique selon les degrés de chaleur; ramenée ensuite à son point de départ, elle redevient eau, puis glace.

**

La parole même est désintégrée dans la plaque des téléphones, elle parcourt les fils sans être perçue et se réintègre dans la plaque réceptrice. On le sait, mais on ne le raisonne pas, on n'y fait pas attention.

**

Bien d'autres faits occultes peuvent être
produits auxquels les négateurs refusent de
croire, parce qu'ils ne connaissent pas les
secrets pour les produire.

Ainsi, on sait en occultisme que les orages,
la pluie, la grêle, la tempête sont produits
par des combinaisons de puissances astrales.

Il en est de même pour les effets bizarres
de la foudre, dont l'examen prouve des
causes intelligentes ou fantaisistes d'êtres
astraux.

Prenant au hasard des souvenirs quelques
constatations faites et dûment établies, on
voit, par exemple, les cas suivants : la foudre
tombant sur une pile d'assiettes brise toutes
celles en nombres impairs et laisse les autres
intactes ; elle tombe dans une écurie de vaches,
tue la deuxième, la quatrième, la sixième, et
ne fait aucun mal aux autres ; elle renverse
un homme, le déshabille complètement, em-
porte ses vêtements au loin et lui n'a aucun
mal ; un autre est tué et aucun de ses effets

n'a été touché ; un autre est renversé, l'argent
contenu dans son porte-monnaie placé dans
sa poche est fondu, le porte-monnaie et
l'homme restent intacts ; un autre est tué et
la photographie d'un arbre éloigné est im-
primée sur son corps ; de deux jeunes bergers
se tenant par la main, l'un est tué, l'autre
n'a aucun mal ; elle tombe près d'un paraly-
tique sans lui faire de mal et il se trouve
guéri ; etc., etc.

* * *

Le tonnerre en boule lumineuse, si longtemps nié par la science, alors que les habitants des campagnes ont connu de tout temps
ce phénomène qui maintenant n'est plus
contesté, tombe sur une maison, se promène
dans une chambre, où se trouvaient six personnes, sans faire aucun mal, sort de la
chambre par un trou percé dans la cheminée
et va éclater sur le toit ; dans un autre cas il
frôle les vêtements d'une personne, s'élève

jusqu'à hauteur de sa poitrine sans lui faire
aucun mal, et va également ressortir par la
cheminée sans rien incendier.

On nie encore le tonnerre en boule de
pierre, cependant il existe et a été constaté.

⁎⁎⁎

Les exemples de ces bizarreries sont si
nombreuses qu'il faudrait des volumes pour
en faire l'énumération.

Il faudrait un parti pris de négation systématique pour ne pas reconnaître dans les
effets de la foudre des causes intelligentes,
capricieuses et pas toujours humanitaires si
l'on veut, mais, comme il a déjà été dit, les
êtres de l'astral se préoccupent peu, au point
de vue humain, du résultat de ce qu'ils font.

Il n'y a pas lieu d'en être bien étonné,
quand on a vu, pendant un bombardement,
des artilleurs diriger leurs pièces pour envoyer volontairement leurs projectiles au delà

du but indiqué et porter ainsi la mort au loin
par une gaminerie irraisonnée.

* * *

Il est incontestable que la foudre est produite par la déflagration électrique emmagasi-
née dans les nuages, mais celle-ci n'est que
l'effet ; la cause agissante est déterminée par
les puissances astrales, comme, toute proportion gardée, la déflagration de la poudre
des pièces d'artillerie est produite par la volonté des artilleurs.

Quant aux distances constituant la zone
dangereuse du fluide, elles varient selon les
forces mises en jeu, c'est-à-dire selon les
charges électriques en action ; en général elles
dépassent rarement quatre kilomètres.

Or, sachant que la vue de l'éclair a lieu
presque instantanément au moment où il se
produit, puisque la lumière parcourt soixante-
quinze mille lieues par seconde, et que le

son dans l'air humide des nuages parcourt
400 mètres environ à la seconde, il est facile
de se rendre compte de la distance à laquelle
on se trouve du tonnerre, en multipliant le
nombre de secondes écoulées entre la vue de
l'éclair et l'audition de la détonation ; on aura
alors la distance à peu près exacte du lieu où
l'on se trouve au point de déflagration.

* *

Se basant sur cette connaissance des causes,
l'occultiste sait les moyens de mettre en
œuvre les forces astrales et, avec leur aide
rendue favorable par sa bonté communica-
tive envers tous les êtres, il arrêtera ou fera
dévier la tempête, la foudre, la pluie ou la
grêle sans se livrer à de grands efforts par lui-
même ; seulement il devra être prudent et
n'agir qu'en vue du bien, en évitant des expériences curieuses peut-être, mais dangereuses,
et dont il pourrait avoir à se repentir s'il en

abusait, car dans ces circonstances des puissances formidables sont mises en jeu.

De nombreux cas d'arrêt de pluie, d'orage et de tempête ont été constatés d'une manière *absolument probante*, ne pouvant pas laisser subsister le moindre doute à ce sujet, quelque extraordinaire que cela paraisse.

XXI

LE SOLEIL

Il est connu en occultisme que les habitants de chaque planète suivent l'évolution du globe sur lequel ils se trouvent, c'est pour cela que les habitants de la terre, qui est un des mondes les moins avancés, ne sont encore qu'au sortir de l'enfance évolutive.

Cependant, quoique la terre soit une des plus jeunes planètes, il y en a encore de plus arriérées, comme aussi il y en a de beaucoup plus avancées, et plus un monde est avancé, moins ses habitants sont imprégnés de matière lourde, de sorte qu'il en est où les habitants sont tout à fait fluidiques.

On sait aussi que plus un esprit est évolué, plus il est clair, brillant, ainsi que l'ont constaté les clairvoyants, dans de nombreuses expériences faites à ce sujet au moyen de somnambules lucides et que le constatent encore, dans leurs études, des hommes de haute science comme le colonel de Rochas. Les couleurs vont du bleu sombre au brillant lumineux.

⁎⁎⁎

Il est indéniable que l'homme terrestre, si imprégné de matière et d'imperfections, n'est encore qu'aux premiers degrés de l'échelle évolutive, et qu'au-dessus de lui il y a des êtres d'une perfection que la pensée ne peut même pas concevoir.

Pour en acquérir une faible idée on doit se
représenter, ce qui est exact, la terre comme
un monde encore très nouveau, et l'humanité
qui l'habite encore bien jeune, comparée à
l'éternité, car la création universelle n'a pas
eu de commencement comme elle n'aura pas
de fin. Il y a toujours eu et il y aura toujours,
créations, jeunesses, vieillesses, décadences,
sommeils ou morts, résurrections et renou-
veaux pour les mondes comme pour les êtres.

* * *

Donc, depuis l'infini des temps des êtres en
évolution constante, puisque le progrès est
une loi de nature divine et éternelle par conséquent, ont dû arriver à un état de lumino-
sité dépassant tout ce que nos chétifs sens
peuvent saisir, notre petite imagination comprendre.

C'est, prétend-on, de ces êtres très évolués
comme Christna, Bouddah, Jésus, réunis en
nombres inconcevables, qu'émane la lumière

du soleil, d'où ils dirigent leurs rayons bienfaisants sur l'étendue du système auquel ils
appartiennent, c'est-à-dire toutes les planètes
du système solaire.

⁎

Jusqu'alors on a recherché les causes de la
chaleur solaire sans que la science ait pu les
expliquer autrement que par des suppositions.

Les uns disent que le soleil est un globe de
feu, d'autres prétendent que c'est un globe
vaporeux dont l'atmosphère surchauffée produit la lumière et la chaleur que l'on constate,
mais à part les occultistes, relativement en
petit nombre, bien peu admettent la lumière
spirituelle du soleil, suivant en cela les
exemples de nos ancêtres, qui prétendaient
que le soleil tourne autour de la terre parce
qu'on le voit se lever d'un côté et se coucher
de l'autre, ne pouvant admettre que c'est la
terre qui tourne autour du soleil, parce qu'ils
étaient insensibles au mouvement de la terre ;

c'est même au sujet de cette soi-disant hérésie, reconnue depuis pour une réalité, que Galilée faillit être condamné à périr sur le bûcher, il y a environ trois cents ans, par conséquent à une époque relativement récente. Alors on prenait l'apparence pour la réalité

Il en est encore de même aujourd'hui pour la chaleur solaire.

***

Ce qui prouve que cette chaleur n'est pas émise par ce globe, c'est que plus on s'élève au-dessus du sol, en se rapprochant du soleil par conséquent, plus la chaleur diminue et le froid devient intense, alors que le contraire devrait exister.

Les ascensions en ballons, les sommets des hautes montagnes couverts de neige et de glace permanentes, sont un témoignage patent que la chaleur est produite par une cause autre que par un globe en ignition.

***

En admettant que la lumière venant de cet astre soit produite par les émanations d'êtres spirituels, on peut raisonner la chaleur solaire de la manière suivante :

Toute lumière est produite par des vibrations. Plus les vibrations sont nombreuses et intenses, plus la lumière est vive.

Les vibrations solaires, d'une puissance inconcevable en arrivant à la zone atmosphérique, dont l'épaisseur est de quatre-vingt mille mètres environ — de sorte que chaque individu porte une pression d'air de près de dix-huit mille kilogrammes — luttent contre les molécules de cette zone dont elles traversent la résistance et, comme toute lutte contre la résistance engendre de la chaleur, il en résulte que plus on descend dans les parties basses où la pression de l'air est plus forte, plus la résistance opposée aux vibrations est forte et par conséquent plus la chaleur s'accroît; alors elle radie sur le sol formant écran jusqu'à une hauteur plus ou moins grande, selon que les vibrations sont directes ou obliques.

✱

Chacun sait que la chaleur augmente normalement d'un degré par trente-trois mètres de profondeur, donc par trente-trois mètres de résistance aérienne. A l'appui de ce qui précède relativement à l'effet des vibrations lumineuses, on peut citer les exemples de personnes atteintes du coup de soleil électrique à proximité des puissantes lampes Jablokoff, même par des froids intenses.

✱

Donc en attribuant la chaleur solaire aux vibrations lumineuses, et celles-ci produites par des entités hautement spiritualisées, on ne commet une hérésie que pour ceux qui se refusent à examiner cette question.

XXII

KARMA COLLECTIF

Nous avons parlé du Karma individuel, qui est la résultante des actions bonnes ou mauvaises et donne la récolte de ce que l'on a semé, en bien ou en mal.

Indépendamment de ce Karma individuel, il y a les Karmas collectifs qui viennent nous rappeler, pour si peu que ce soit, que nous avons une part de responsabilité dans les collectivités.

***

Ainsi, il y a le Karma de famille, celui de l'agglomération dans laquelle on se trouve, commune ou hameau, le Karma national et le Karma mondial.

Que par exemple un membre de notre famille devienne illustre, tous les autres membres en éprouveront de la satisfaction ou de la fierté et se réclameront de sa parenté !

Si, au contraire, un membre forfait à l'honneur ou devient criminel, les autres en ressentiront de la honte et de la souffrance, lors même que leur honnêteté serait irréprochable.

Où donc est alors la justice, dira-t-on, si l'on souffre pour les autres? Plusieurs causes peuvent être en jeu.

Celui qui s'est illustré a pu être assisté ou encouragé par les siens, alors ils sont récompensés par la satisfaction qu'il leur fait éprouver.

Celui au contraire qui a mal tourné a pu être dévoyé par de mauvais procédés de ses proches, ou bien ceux-ci ont pu, dans d'autres existences ou même dans la présente, faire souffrir leur prochain en lui reprochant des fautes commises par d'autres, et dont celui à qui le reproche était fait n'avait pris aucune part personnelle : ici encore ils récoltent ce qu'ils ont semé.

Pour la commune, chacun de ses habitants ressentira dans une certaine mesure le plaisir de se dire le compatriote d'un grand homme, dont il sera honoré d'être l'ami ou d'avoir été le compagnon d'enfance; s'il s'agit d'un criminel, on évitera d'en parler et l'on cherchera à démontrer, soit qu'il n'est pas originaire de la commune, soit qu'il est une exception malheureuse.

Dans le premier cas il y aura satisfaction, dans le deuxième confusion, confusion légère c'est vrai, mais confusion quand même.

Pour le premier il y aura la récompense de l'encouragement donné, de l'admiration manifestée; pour le second il y aura les conséquences de l'abandon ou du mépris auquel on se sera laissé aller.

En ce qui concerne le Karma national on

peut se demander quel est le citoyen qui ne s'est pas réjoui des succès remportés par son pays et qui n'a pas souffert des humiliations infligées à sa nation.

En touchant la collectivité nationale on atteint donc aussi, quoique dans une mesure très atténuée, l'individu, en raison de la part plus ou moins directe qui aura amené le Karma.

Il ne faut pas oublier que celui-ci reste parfois de longues périodes de temps avant de se manifester; mais toujours et sûrement, tôt ou tard, la réaction suit l'action.

***

En examinant au point de vue occultiste les cataclysmes dont les effets parfois effrayants affligent l'humanité entière, on y découvre également les causes karmiques qui remontent, dans certains cas, à de longues périodes antérieures, où alors les questions indi-

viduelles et nationales ne sont plus en jeu,
mais bien-la solidarité humaine.

Dans ces cas, les réincarnés paient des
dettes arriérées contractées par eux dans
d'autres existences et sur d'autres points du
globe.

***

Qui nous dit que ces cataclysmes ne sont
pas l'acquit karmique des guerres, des mas-
sacres où l'on comptait les victimes par milliers et où les innombrables blessés étaient
abandonnés, soit que l'on ne voulût ou que
l'on ne pût les soulager, et succombaient
faute de soins. Quand les fléaux se produisent,
l'humanité ne voyant que l'effet du moment
reste atterrée. Mais ensuite la recherche des
conditions karmiques arrive à faire reconnaître, tout en déplorant les malheurs produits, que rien de mal n'arrive sans de justes
causes.

***

La vitalité karmique persistant tant que les
dettes ne sont pas payées, fait penser aux
grains de blé conservés depuis plus de trois
mille ans près de momies égyptiennes, lesquels, lorsqu'ils sont plantés dans les conditions normales, donnent la moisson dont ils
conservaient les germes.

De même tant que le Karma n'est pas payé
il conserve sa vitalité et produira fatalement
ses effets.

XXIII

LE SIXIÈME SENS

Indépendamment des cinq sens que chacun
connaît, l'humanité en possède un sixième
à l'état latent, dont la manifestation se produit déjà chez un certain nombre de sujets
que l'on appelle « somnambules »; ce sixième
sens est le sens psychique.

Ce sens encore peu commun s'accroît insensiblement comme toute évolution de la nature, et il continuera à se développer à mesure que l'âme deviendra plus affinée et se dégagera davantage des entraves de la matière.

✱✱✱

Le somnambule voit à travers les corps, lit les pensées et se rend compte de ce qui se passe à des distances prodigieuses.

Quelques exemples ici sont nécessaires :

Dans une réunion, un somnambule interrogé par un assistant au sujet du frère de celui-ci habitant l'Afrique et avec qui il fut mis en rapport par une lettre reçue déjà depuis quelque temps, donna sur cet absent des renseignements absolument exacts au sujet de son physique, de son caractère, de ses occupations.

Puis, répondant à l'interlocuteur il lui dit : Votre frère est en ce moment en bras de chemise dans sa chambre et il vous écrit.

Sur l'invitation qui lui fut faite, le somnambule lut la lettre que l'on écrivait à mille lieues de l'endroit où il se trouvait et dit que cette lettre arriverait dans les huit jours.

Ce que le somnambule avait dit fut écrit. Lorsque la lettre arriva elle fut décachetée en présence des membres de la réunion convoqués à ce sujet, et elle contenait, mot pour mot, l'inscription qui avait été prise.

Un autre assistant ayant demandé à être mis en relation avec un de ses anciens amis habitant Paris, mais dont il ignorait l'adresse, apprit ainsi que cet ami était dans sa chambre où il y avait sur la table, près de son lit, des pots de tisane; tout le reste du mobilier fut également énuméré.

Quand on demanda au somnambule où était cette chambre, il donna le numéro de la maison et dit que la chambre en question se trouvait au troisième étage à droite, mais qu'il ne connaissait pas la rue; on lui prescrivit alors de porter sa vue au bout de la rue pour en voir le nom, alors il donna le nom sans hésiter. Ces faits vérifiés dès le lendemain se trouvèrent exacts.

Enfin on lui présenta un livre fermé en lui ordonnant de lire une page désignée au hasard, il lut comme à livre ouvert.

Il est à remarquer que pour ces expériences le somnambule avait les yeux bandés et qu'à l'exception du magnétiseur il ne connaissait aucun des assistants.

⋆

Les exemples de vue somnambulique sont aussi nombreux que variés. Il n'y a pas seulement la vue somnambulique, il y a aussi l'ouïe et les sensations.

Ainsi, le somnambule, si son attention n'y est pas appelée, n'entendra pas une musique bruyante ou des cris poussés à côté de lui et entendra le battement d'une montre dans une chambre autre que celle où il se trouve; il ne sentira pas une épingle qui lui traversera le

bras et souffrira si l'on pique son double éthérique à trois mètres de lui, ou bien si l'on
pince son magnétiseur.

Il sera affamé si on le lui suggère; il se gri-
sera en buvant de l'eau qu'on lui dira être de
la liqueur et vomira si on lui suggère que c'est
une solution d'ipéca; il mangera avec délices
des pommes de terre crues qu'on lui dira être
des brioches, etc., etc.

*
* *

En un mot, pour le somnambule le monde
sensible extérieur est supprimé et cependant
il ne cesse pas de voir les objets. Sa conscience sensible est supprimée et il ne cesse
pas d'être conscient.

Le somnambule nous révèle un aspect caché de la réalité et une partie cachée de notre
propre être.

La réalité s'élève ici au-dessus des sens, et
l'homme intérieur au-dessus de l'homme extérieur.

⁎

Jusqu'alors le somnambule une fois éveillé ne se rappelle pas ce qu'il a dit, ni vu, ni fait pendant son sommeil, parce que l'époque de l'éclosion du sixième sens n'est pas encore arrivée. Le souvenir se produira quand l'évolution sera suffisamment avancée et permettra le dégagement conscient en astral.

Déjà il y a l'intuition, presque toujours vraie, qui est la pensée de l'âme, tandis que la raison, souvent trompeuse, est la pensée du cerveau.

⁎

L'état somnambulique, que l'on appelle sommeil, alors qu'en réalité notre vrai sommeil c'est quand nous sommes éveillés, est l'état où se trouve l'âme lorsqu'elle est dégagée de la matière après la désincarnation; alors elle a, comme en somnambulisme, conscience de ses propriétés et de ses connaissances psychiques.

✶

On peut accélérer le développement du sixième sens par la foi, qui est un des plus puissants leviers des forces psychiques.

Tout manque de foi, toute pensée contraire aux résultats que l'on se propose d'atteindre, dans quelque circonstance que ce soit, sont des obstacles en travers du chemin à parcourir; mais c'est surtout en matières psychique et métaphysique que ces obstacles produisent le plus d'effets contraires, ce que l'on comprendra facilement sachant que ces questions subissent avec une sensibilité extrême les vibrations favorables ou défavorables.

✶

Du reste, même dans les circonstances les plus usuelles de la vie, ne voit-on pas à chaque instant les effets de la foi :

Si un malade a foi en son médecin il aura beaucoup de chances de guérir, lors même qu'il serait soigné par des pilules de mie de pain, comme cela s'est vu.

Dans une entreprise quelconque la foi aide grandement à la réussite; si au contraire on désespère avant de commencer, il y a de grands risques pour que l'entreprise échoue.

Ou plus simplement encore, qu'un voyageur traversant un endroit difficile pense qu'il va tomber, il est à peu près certain de faire une chute, etc.

*
* *

La foi est une alliée de l'optimisme, ce sont deux forces précieuses si l'on sait les employer, et en les employant à propos en vue de l'éclosion du sixième sens on obtiendra des résultats vraiment magiques; surtout si, à ces deux forces, on en ajoute deux autres non moins puissantes : la pratique du bien et la prière de l'âme.

XXIV

CONCLUSION

En examinant l'humanité dans son en-
semble on est peiné de voir combien elle est
encore arriérée, et combien elle fait peu
d'efforts pour se dégager de l'ignorance matérielle où elle reste enlisée par défaut d'énergie
ou de volonté.

Regardons la société et nous verrons les
favorisés par la fortune — est-ce bien une fa-
veur? — occupés uniquement de plaisirs et
de jouissances, le plus souvent de mauvais
aloi, sans occupations intellectuelles, sans
autres pensées que celles que leur suggère
leur satisfaction égoïste, n'ayant souvent pour
esprit que la pâle copie de modèles de leur
espèce.

D'autres s'agitent dans l'unique préoccupa-

tion de se procurer des plaisirs frelatés, ne
connaissant le devoir que pour chercher à
s'en affranchir et la conscience que comme
un censeur gênant, dont ils s'efforcent d'étouf-
fer la voix lorsque leurs intérêts sont en jeu.

D'autres encore vivent dans le farniente
mental sans chercher à cultiver le plus bel
ornement de l'être humain, l'intelligence.

⁎⁎⁎

Ces diverses catégories vivent comme si
leur existence actuelle ne devait pas finir,
n'ayant le plus souvent à ce sujet que la
crainte, avouée ou inavouée, d'un événement
auquel nul n'échappe, la mort, dont ils re-
jettent la pensée, comme si par ce moyen ils
pouvaient s'y soustraire.

Le penseur ne doit guère attendre de la
part de ces gens à esprit étroit, que critique
et moquerie.

Il faut un certain courage pour s'émanciper

des idées vulgaires en raisonnant soi-même par l'étude des causes.

Cette étude, dont on trouve les rudiments dans la théosophie, fait connaître qu'aucun effet ne se produit sans cause, et qu'en étudiant chaque cause on trouve sans difficulté les effets qui en découlent.

***

C'est pour cela que le théosophe doit observer tout ce qui tombe sous ses sens ou arrive à sa connaissance par d'autres moyens, méditer sur chaque chose autant que le temps et les circonstances le permettent, en remontant toujours aux causes et en soumettant celles-ci au crible de l'intuition, de la conscience, de l'intelligence et de la raison.

Le théosophe ne doit jamais dire qu'une chose n'est pas possible parce qu'il ne la comprend pas; il doit réserver son jugement en se pénétrant bien que la raison de la veille n'est pas toujours celle du lendemain.

Les inventions constamment nouvelles le prouvent : quiconque aurait dit, il y a seulement trente ans, que l'on pouvait enregistrer la parole, n'aurait pas été cru parce que c'était la raison de la veille; aujourd'hui le phonographe en donne la preuve, c'est la raison du lendemain.

De même pour chaque découverte nouvelle.

**

La théosophie embrasse donc toutes les sciences, aussi bien physiques que métaphysiques : toutes ont leurs causes et leurs effets.

Les conditions indispensables pour être théosophe sont : l'esprit d'observation, l'altruisme, la suppression de toute haine, envie, jalousie, antipathie, le désir du bien pour tous, la tolérance pour toutes les croyances et opinions, la recherche des causes qui conduisent toutes à une cause unique, cause des causes, puissance infinie où s'arrête l'imagination.

Ces sentiments pratiqués et développés en amènent d'autres tels que la maîtrise de la pensée, l'insensibilité aux choses pénibles ou désagréables en se plaçant au plan supérieur où les ennuis ne peuvent arriver, la puissance de volonté avec toutes les circonstances bénéfiques qui en découlent, etc.

Ces sentiments spiritualiseront le théosophe, non de ce spiritualisme étroit et criminel comme le fanatisme; il comprendra que le mot « Dieu » est un nom comme Allah, Jéhovah et autres, que la prière de l'âme est une puissance énorme qui produit des effets bienfaisants de quelque manière qu'elle soit faite, à qui qu'elle soit adressée, qu'en quelque endroit qu'elle ait lieu elle arrivera toujours à destination de l'unique infini par les vibrations qu'elle produit, dont les effets sont en raison de la foi avec laquelle elle est faite et des actes de bienfaisance dont elle est accompagnée.

**
**

Non seulement les actes que l'on fait produisent leurs effets dans la vie présente, mais
encore ils déterminent des habitudes que l'esprit conserve après sa désincarnation et qu'il
rapporte ensuite à l'état de penchants dans sa
réincarnation future, c'est pour cela que nous
subissons dans l'existence présente les effets
de notre existence antérieure et que nous
préparons dès maintenant notre existence à
venir où, à l'instar du laboureur, nous récolterons ce que nous aurons semé.

⁂

Cela donne aussi l'explication de ce que l'on
est convenu d'appeler les âmes sœurs. Quand
deux personnes du même sexe ou de sexes
différents ont eu pendant la vie physique, l'une
pour l'autre, une affection profonde de l'âme,
cette affection se continue en astral après la
mort et ensuite dans les réincarnations suivantes lorsque, selon les conditions karmiques,
il y a coïncidence, c'est pourquoi ces per

sonnes qui dans leur nouveau corps ne se connaissent pas, éprouvent à première vue une attraction irrésistible : c'est le coup de foudre affectif que si peu s'expliquent; il y a simplement réminiscence de sentiments antérieurs.

Indépendamment des enseignements certains, prouvés, la réflexion atteste, d'une manière irréfutable, les réincarnations.

Il n'y a pas de raison pour qu'un individu soit plus favorisé qu'un autre s'il n'a rien fait pour le mériter.

Or, quand nous voyons des enfants prodigues, des génies, se manifester dès leur plus jeune âge, bien qu'ils soient parfois issus de parents arriérés, on est bien forcé de convenir que ces génies ne peuvent posséder leurs qualités que par réminiscence de choses apprises dans d'autres existences antérieures.

***

Je dis d'autres au grand pluriel, car depuis la monade primitive jusqu'à notre état actuel nous avons subi pendant des millions d'années des transformations, des réincarnations en nombre inimaginable pour nous amener jusqu'à l'état où nous sommes, et nos réincarnations n'auront pas plus de limites que le temps ou l'espace, à moins que l'être soit assez dégagé de tout désir terrestre et assez évolué pour vivre à l'état d'esprit, comme le sont les maîtres ou anges des diverses catégories et aussi que le Karma soit complètement effacé.

*

Les réincarnations ne se produisent pas immédiatement après la mort comme on serait tenté de le croire.

Elles sont plus ou moins tardives selon que l'individu a été plus ou moins bon, a plus ou moins bien employé sa vie physique.

La réincarnation est imposée à l'être pour le familiariser avec la matière et lui fournir des expériences qui, par les souffrances qu'elles comportent, sont de nature à favoriser l'évolution de l'âme.

Sachant que l'existence à l'état d'esprit est de beaucoup préférable à la vie incarnée, ainsi que sont unanimes à le déclarer les décédés évoqués et les somnambules à l'état de dégagement, il en résulte que plus l'être humain a travaillé à son évolution dans sa vie incarnée, plus sa réincarnation est retardée, à moins qu'il n'ait le désir ardent de continuer à progresser, car le désir a un grand poids pour la réincarnation.

Quant aux criminels et aux suicidés, leur réincarnation est généralement peu tardive et peut se produire au bout de quelques années seulement, tandis que pour les évolués elle peut tarder plusieurs siècles ou même ne pas avoir lieu pendant la cinquième race actuelle, mais ceux-là sont rares parce que, pour obtenir ce résultat, tout Karma doit être éteint et les dettes karmiques sont nombreuses.

**

Le Karma est un mot sanscrit qui veut dire action et que les non initiés expriment par la locution « Justice immanente des choses ».

C'est une puissance occulte qui donne la récolte des actions pensées et paroles semées, soit en bien, soit en mal.

La justice karmique se produit toujours, ou plus tôt ou plus tard, mais infailliblement. Nul ne peut ni l'arrêter ni la corrompre. Toutes les prières, toutes les absolutions du monde ne peuvent entraver cette justice.

Si le Karma est trop chargé et ne peut être acquitté dans l'existence présente, il est reporté à l'incarnation future, mais toujours, et d'une manière absolument certaine, chaque action a sa résultante.

Du reste les preuves de cette justice se manifestent si souvent dans la vie présente que l'observateur ne peut les contester.

Nul n'est favorisé ni lésé. La justice la plus parfaite existe pour tous. Ceux qui souffrent n'ont à s'en prendre qu'à eux et à faire en sorte que leur future existence soit meilleure que la présente.

, De même ceux que l'on appelle chanceux ne font que récolter ce qu'ils ont semé.

Donc l'infortune et la chance n'existent pas ; il y a simplement règlement d'acquit de comptes.

Mais, dira-t-on, dans la future existence, on aura un nouveau corps et l'on ne rappellera pas des faits de l'existence passée ?

Sans doute il y aura un corps nouveau, mais le « moi » intérieur sera le même. Le souvenir cérébral n'existera pas, par contre le souvenir mental, enfoui dans le subliminal subsiste, et comme le corps ne souffre que par l'âme, peu importe que l'individu se rappelle cérébralement, du moment qu'il y a justice et que l'âme la ressent et s'en apercevra clairement après sa désincarnation.

Déjà dès maintenant, l'homme peut s'en rendre compte par le somnambulisme, état

dans lequel l'âme, dégagée en grande partie
de la matière, voit presque comme après la
mort.

⋆

Ceux qui ne connaissent l'occultisme que
par ce que l'on en dit se demandent comment
on peut savoir ce que la théosophie enseigne
sur le lointain passé et sur l'au delà.

Ces connaissances sont données par des
êtres occultes hautement spiritualisés, sortant
de l'humanité depuis des époques extrème-
ment lointaines, venant en partie d'autres
planètes plus anciennes que la terre, et en
partie des époques reculées de la terre.

Les uns appellent ces êtres des génies,
d'autres les appellent anges ou esprits protecteurs, les Orientaux les désignent sous les
noms de mahatmas, grandes âmes ou maîtres.

Ces êtres, dont la hiérarchie est nombreuse,
ont accepté la mission d'instruire, aider et
réconforter l'humanité. Ce sont eux qui ins-

pirent les connaissances à acquérir, les progrès à réaliser.

Ils peuvent se transporter aussi rapidement
que la pensée où leur présence est utile et se
manifester, soit en astral, soit matérialisés,
lorsque le besoin se produit.

Leur loge se trouve dans les montagnes du
Thibet où nul, autre que les initiés, n'a jamais
pu pénétrer.

Quiconque a eu le rare bonheur d'en voir
ou entendre, ne fût-ce qu'une fois, se sent
animé à leur endroit de sentiments qu'aucun
langage humain ne peut exprimer

Voilà quels sont les instructeurs de la théosophie, de l'occultisme et même du spiritisme
et du magnétisme ; mais pour obtenir leur
aide il faut d'abord travailler par soi-même
afin de s'en rendre digne.

***

On ne peut sans parti pris d'aveuglement

nier l'existence de l'âme. Les preuves four-
nies par le spiritisme, le magnétisme, le somnambulisme sont trop nombreuses pour qu'il
soit besoin d'insister à ce sujet.

L'âme c'est la vie, c'est l'être, c'est l'individu.

Le corps n'est qu'un obstacle aux manifestations de l'âme, un vêtement incommode
que l'âme abandonne au moment de la mort;
mais il est nécessaire pour donner à l'âme les
expériences de la matière et établir sur notre
globe grossier les rapports de l'être avec son
entourage.

Ceux qui prétendent que le cerveau secrète
l'intelligence comme le foie secrète la bile, seraient bien embarrassés pour expliquer comment cette sécrétion se produit, et pourquoi
les uns meurent jeunes, les autres vieux, etc.

Quant à la mort elle n'est qu'un changement d'état. Les phénomènes qui se produisent au moment et après la désincarnation
sont intéressants et plus compliqués que le

simple arrêt de la respiration, comme le plus grand nombre le croit.

Chose curieuse, ce plus grand nombre craint la mort et n'ose pas, par une peur non motivée, chercher à se rendre compte du processus de cet important événement auquel chacun est cependant personnellement intéressé. Que les peureux se rassurent : la mort, c'est-à-dire la désincarnation, est un recommencement de la meilleure et véritable vie.

***

Après la mort, l'âme, le « moi » conscient — on ne saurait trop le répéter — reste sur le plan terrestre tant qu'elle y est attirée par ses désirs quels qu'ils soient. Lorsque ses désirs sont éteints, elle s'élève aux régions astrales, c'est-à-dire à un globe non matériel, tutélaire de la terre, où elle se dépouille des parties grossières qui l'ont accompagnée et où elle achève de s'affranchir de toute attache terrestre.

Semblable, par comparaison, à un ballon qui s'élève davantage en raison du gaz plus léger dont il est gonflé, alors l'âme plus dégagée ne peut plus se manifester que difficilement sur la terre, c'est pour cela que dans les réunions spirites certains esprits disent qu'ils ne pourront plus répondre aux évocations, la raison en est que leur fluidité, devenue très affinée, ne leur permet plus de descendre dans la lourde atmosphère terrestre, à moins de s'imprégner momentanément de cette atmosphère, ce qui leur est toujours pénible.

***

Selon ce qu'a été la vie et ce qu'est l'absence des désirs terrestres, l'âme peut ne rester que très peu sur les plans terrestre et astral, comme aussi elle peut y séjourner fort longtemps si elle reste attachée à ses désirs, soit volontairement, soit par ignorance, parce qu'il y en a qui ne croient pas à la ces-

sation de leur existence physique : elles se
figurent qu'elles font un rêve. Mais dans ce
cas, après un temps plus ou moins long, les
instructeur de l'astral leur viennent en aide
en les renseignant sur leur état.

***

Lorsque l'âme s'est complètement dépouil-
lée de toute trace d'existence terrestre, elle
passe au plan mental supérieur et beaucoup
plus épuré que l'astral, en laissant en chemin
le souvenir du mal qu'elle aurait pu faire, car
dans le plan mental appelé aussi ciel ou Dé-
vakan, le mal ou son souvenir n'y ont pas
accès.

Elle y restera dans des plans plus ou moins
élevés selon les mérites acquis, le temps que
le Karma l'y laissera, car il est bon de le répéter, les sanctions karmiques ont lieu pour
le bien comme pour le mal.

Là elle aura les satisfactions de tout ce

qu'elle a pu désirer sans que rien trouble la quiétude de ses jouissances.

Quand le temps karmique arrive à expiration, elle éprouve, comme après un sommeil, le besoin de recommencer une nouvelle vie incarnée. Elle perd le souvenir du temps passé comme un rêve, retrouve en revenant en astral le souvenir qui avait été temporairement oublié et qu'elle conservera à l'état de penchant dans sa réincarnation, où également elle subira les conséquences de ses actes karmiques.

Disons à ce sujet que le temps n'existe que par la mesure que dans nos incarnations éphémères nous en faisons.

Supposons que nous n'ayons ni les jours ni les nuits, que le soleil reste au même point de l'horizon et que nous n'ayons pas d'horloge pour mesurer le temps, nous ne nous rendrions pas compte de ce qu'il est, il n'existerait pas.

**

Le transformisme et l'évolution de l'homme, comme de tous les êtres, ne sauraient être niés.

D'abord la terre après sa sortie de la nébuleuse n'était qu'un globe en ignition ; aucun être ne pouvait exister à sa surface. Les germes seuls existaient à l'état fluidique et astral, attendant le temps où les circonstances leur permettraient de se manifester sur le plan matériel, d'abord par la monade et ses transformations successives pendant des milliards de siècles avant de recevoir les attributs humains. C'est la raison pour laquelle la première race physique est comptée comme troisième race évolutive, les deux premières étant fluidiques d'abord, astrales ensuite. Ce n'est donc qu'à la troisième race, dite lémurienne, que les êtres matériels commencent à apparaître sur le globe, où, à l'état d'ébauches, elles ont des formes grossières et gigantesques, lesquelles avec le temps s'affinent de plus en plus.

Les hommes de cette race, bien qu'ayant, à l'état d'embryon, les principes humains, avaient l'aspect de singes colossaux.

A cette troisième race a succédé la quatrième, dite atlantéenne, dont les formes déjà modifiées sont moins massives, et enfin est arrivée la cinquième race à laquelle nous appartenons.

A cette cinquième race succédera la sixième avec le sixième sens et plus d'affinement dans les formes.

Ensuite viendra la septième race où l'homme aura un sens de plus, sera à peine matérialisé et terminera son évolution sur le globe.

Celui-ci entrera en sommeil pour ensuite et beaucoup plus tard se rénover.

Dans combien de millions d'années ou de siècles cela se produira-t-il? C'est le secret de l'avenir.

***

L'astral est la reproduction dans l'espace de tout ce qui existe et a existé sur la terre, et contient aussi le cliché des évènements futurs devant se produire dans un temps plus éloigné.

C'est par la vue en astral que les somnambules peuvent dire le passé, le présent et l'avenir des personnes, car l'avenir est l'effet de causes préexistantes.

C'est aussi par cette vue très fugitive que dans un suprême danger des personnes voient en une seconde le kaléidoscope de toute leur existence dans les plus menus détails.

Ce phénomène donne une idée de la vue de l'âme arrivant en astral après la mort du corps.

*
* *

Le bien et le mal sont en raison de l'évolution de l'homme et des habitudes du milieu où il se trouve.

Par exemple l'habitant du désert ne croit pas mal faire en pillant les caravanes et croira commettre une mauvaise action en épargnant la vie d'un ennemi.

Plus un homme est évolué, plus ses sentiments altruistes se développent et mieux il
sent que tout acte contraire à la bienséance et
aux lois de la nature est le mal dont il souffri a
en raison de son élévation mentale ; de même
dans le sens opposé. Il jouira davantage des
satisfactions de sa conscience que ne le ferait
un autre dont les sentiments seraient plus
arriérés.

C'est une question de sensibilité morale
comparable à la sensibilité physique où un
citadin se plaindra hautement pour un malaise
auquel un paysan sera à peu près insensible.

***

Le spiritisme bien compris et pratiqué avec
foi et recueillement a une grande utilité pour
certaines personnes qui ne veulent pas pousser plus loin les recherches, en leur prouvant
la survivance de l'être.

Mais ceux qui s'y livrent pour se faire dire

la bonne aventure ou y poser d'autres questions oiseuses se trompent et seront presque
certainement trompés, car aucun esprit sérieux ne consentirait à répondre à de pareilles
inepties.

Dans les réunions spirites il est utile de recommander aux assistants d'avoir les plus
grands égards, non seulement en actes et en
paroles, mais aussi en pensées pour les médiums dont le caractère vibre avec une sensibilité extrême.

***

L'occultisme est la recherche et la connaissance des secrets de la nature et de causes
non encore connues.

Dès que les secrets découverts entrent dans
le domaine public, ils cessent d'être magiques
et deviennent scientifiques, tout en conservant
leurs effets, tels le magnétisme, l'hypnotisme,
la télépathie, l'électricité, la photographie, etc.

Par l'occultisme, dont l'observation con-

stante, la réflexion, la méditation constituent
les bases élémentaires, on arrive à déterminer
et à s'expliquer une quantité de faits qui au
premier abord paraissent surnaturels, et après
qu'on les connaît, on trouve qu'ils sont très
naturellement dans le domaine de la puissance
humaine.

L'étude de l'occultisme, non dépourvue de
dangers parfois pour les débutants, s'ils se
montrent imprudents, est très attrayante, mais
elle ne peut être pratiquée fructueusement
que par des esprits assez ouverts et tenaces
pour saisir les faits et ne pas se laisser décou-
rager par les difficultés ou les insuccès des
débuts surtout.

Les instructions plus élevées se produisent
ensuite.

✶✶✶

La télépathie ou transmission de pensée à
distance, devient de plus en plus fréquente à
mesure que les moyens de la pratiquer sont
davantage connus. Le développement du

sixième sens en facilitera beaucoup l'application.

***

Par le magnétisme, qui est le commencement du sixième sens, on explique une quantité de faits magiques : guérisons par la transmission du fluide vital, vue et audition à distance, lecture des pensées, lectures et voyages en astral, et quantité d'autres phénomènes aussi remarquables que bénéfiques lorsqu'on l'emploie avec connaissance et à propos.

Mais pratiqué par des ignorants ou des malveillants, il serait capable de causer presque autant de mal qu'il peut faire de bien.

Il en est de même, du reste, pour à peu près toutes les sciences.

***

La plus grande puissance de l'homme réside dans la pensée.

Tout le bien, tout le mal que les hommes peuvent-faire a son origine dans la pensée ; la joie, le plaisir, les peines et souffrances morales ont la même origine.

Nul obstacle, nulle distance ne peuvent limiter les effets de la pensée.

Il importe donc à l'être humain de se rendre maître de cette puissance, afin de l'employer pour le bien individuel et social.

Ce n'est assurément pas facile de maîtriser ses pensées, mais avec de l'énergie, de la ténacité et de la volonté on y arrive : on n'obtient pas de victoire sans combat.

***

L'incurie humaine est une chose bien curieuse : on apprend à l'homme le moyen de gagner sa vie, de défendre ses intérêts, et quand il s'agit de l'intérêt le plus précieux, la santé, on se garde bien de se défendre soi-même. On s'en remet aux soins d'un médecin

que l'on intéresse à prolonger la maladie afin
d'augmenter le nombre des visites payées.

Si encore on employait le système pratiqué
en Amérique ainsi que dans certaines parties
de l'Europe et de l'Asie, consistant à payer le
médecin tant que l'on se porte bien et à ces-
ser le paiement dès que l'on est malade, on
le comprendrait, parce qu'alors le médecin
serait intéressé à faire son possible pour guérir le malade au plus vite; mais non, on fait
justement le contraire.

Pire encore, que le médecin appelé par un
malade prescrive un remède végétal facile à
se procurer pour rien et prenne cinq francs,
par exemple, pour sa visite, le malade dira :
cela ne valait pas cette somme pour prescrire
un remède aussi simple; que par contre le
médecin fasse une longue ordonnance de
soixante francs ou plus, le malade dira d'un
air rayonnant : j'ai bien fait d'appeler le médecin, il m'a ordonné pour plus de soixante
francs de médicaments.

Ce préjugé d'appeler le médecin à tout propos, sauf même à ne pas employer toujours les médicaments prescrits est tellement enraciné que les journaux rapportaient, il y a quelques années, l'histoire d'un homme des environs de Paris, décédé à l'âge de quatre-vingt-quatorze ans, soigné depuis près d'un demi-siècle par un docteur renommé. Après le décès on trouva dans la chambre du mort une grande armoire où étaient toutes les ordonnances et tous les médicaments qui lui avaient été prescrits. Il n'en avait pris aucun et attribuait sa longévité à cette mesure de prudence.

Il n'y a, nous l'avons dit, qu'une cause de maladie, la perturbation du principe vital. Que celui-ci soit remis en son état normal, la maladie n'existe plus; c'est pour cela qu'Ambroise Paré disait : « Je le soignai, Dieu le guarit ».

En général, la nature, bonne mère, a très souvent placé les remèdes près du mal, surtout dans les endroits où il y a des maladies endémiques, mais on néglige les soins qu'elle offre, on trouve ses remèdes trop simples. Avec un peu de logique, un peu de sagesse, on pourrait dans la plupart des cas, se soigner soi-même avec plus d'efficacité et moins de danger, au moyen de plantes, de rayons solaires, de couleurs, de musique, de lignothérapie, de métallothérapie externe, et surtout beaucoup de volonté, qu'avec des remèdes chimiques à modes changeantes dont les effets sont parfois si funestes.

***

Jadis, et il n'y a pas encore bien longtemps, quand les occultistes disaient que les couleurs n'existaient que par l'absorption de tels rayons lumineux laissant passer les autres, on haussait les épaules pour ce que l'on appelait pareille ineptie; aujourd'hui cette ineptie fait partie de l'enseignement scientifique.

***

Très petit est encore maintenant le nombre
de ceux qui admettent que l'on peut arrêter la
tempête, la pluie, la grêle, les orages. Cependant la chose est absolument certaine, non
seulement avec les canons paré-grêle, comme
il en existe dans les vignes de Bourgogne,
mais aussi et surtout par des moyens occultes
relativement faciles.

***

De même la théorie spirituelle des rayons
solaires sera considérée avec mépris par les
savants dans le genre de ce membre d'une
académie qui, il y a quelques années, lors de
la première audition du phonographe, voulait
étrangler Édison, le traitant de ventriloque
imposteur voulant faire croire que l'on peut
enregistrer la noble voix humaine (*sic*), et cependant le phonographe est maintenant connu
de tous : l'académicien en possède peut-être
un.

***

Une autre version que celle de la science actuelle est aussi donnée par l'occultisme au sujet des bolides ou météores.

La science suppose que ce sont des pierres provenant d'astéroïdes dont on compte de cinq à six cents n'ayant guère comme dimensions qu'une centaine de lieues de diamètre, circulant entre la terre et le soleil, mais n'explique pas comment il se fait que ces soi-disant pierres sont multométalliques. L'occultisme nous apprend que ces bolides, composés de fer, de nickel et autres métaux, proviennent de la condensation des vapeurs de métaux en fusion, soit dans les hauts fourneaux, usines métallurgiques, creusets de chimistes, etc.

Les molécules de ces vapeurs, élevées dans les hautes régions de l'atmosphère jusqu'à la zone d'électricité intensive qui entoure l'air et sépare celui-ci de l'éther cosmique, s'attirent, s'agglomèrent les unes aux autres comme le font les molécules de vapeur d'eau pour former des grêlons parfois volumineux.

13

Les molécules métalliques qui ont un grand pouvoir d'affinité se forment en masses en s'adjoignant, pendant leur translation aérienne, les molécules similaires éparses, jusqu'à ce que, par leur pesanteur et la loi du retour, elles viennent à terre où elles arrivent très échauffées par leur frottement contre la résistance de l'air qui suit le mouvement très rapide de la rotation du globe.

Ce phénomène serait, toute proportion gardée, comparable aux pluies de pierres, de poissons ou de batraciens, enlevés par l'air et transportés par lui pour aller tomber sur d'autres points, comme les exemples se produisent de temps à autre.

Les bolides ont toujours une direction penchée vers la terre où ils éclatent en arrivant ou près d'arriver, par la déflagration des gaz emmagasinés par la chaleur de la course.

***

Quant aux étoiles filantes qui, à l'encontre

des météores, ne tombent pas ni n'éclatent pas, et dont la direction est plutôt penchée du côté de l'horizon que du côté de la terre, ce sont, dit l'occultisme, des maîtres de l'astral se transportant en mission.

En tout cas, ce n'est et ce ne peut être ni des étoiles ni des météores.

*_**

Le Karma collectif indique clairement que l'individu a une part de responsabilité dans la collectivité, et est, par le fait de cette responsabilité collective, une condamnation de l'égoïsme, quelle que-soit l'intention avec laquelle on le pratique.

*_**

Le sixième sens n'aura sa pleine éclosion que lorsque la sixième race aura succédé à la race actuelle.

Mais comme la nature ne fait rien par

bonds, on peut déjà en voir les premiers spécimens dans les somnambules, seulement à
présent ils ne connaissent que par ce qu'on
leur en raconte, les effets de leur état ; pour
eux-mêmes, sortis du somnambulisme ils ne se
rappellent de rien, tandis que plus tard ils en
conserveront le souvenir conscient ; c'est alors
que se produira l'époque prédite par le Christ,
lorsqu'il disait : « Il arrivera un temps où vos
fils et vos filles prophétiseront,

TABLE

IMPRIMERIE CENTRALE DE L'OUEST

56-60, rue de Saumur

LA ROCHE-SUR-YON

(VENDÉE)

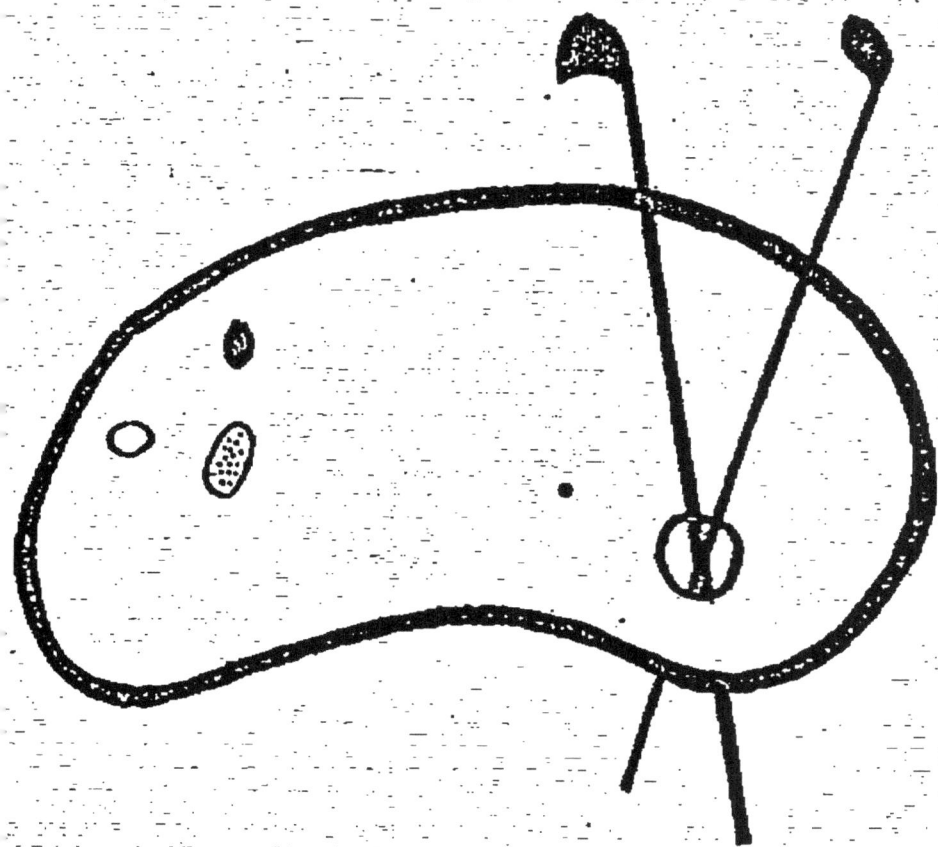

ORIGINAL EN COULEUR
NF Z 43-120-8

www.ingramcontent.com/pod-product-compliance
Lightning Source LLC
Chambersburg PA
CBHW071943090426
42740CB00011B/1796